Bernadette Raab · DER WEG INS LICHT

DER WEG

INS LICHT

Wie Elfen mit den
Menschen reden . . .
Märchen für
Erwachsene und
Kinder

von Bernadette Raab

1990   Verlag FREYA GmbH

2. Auflage 1990
© 1987 by Verlag Freya GmbH
Alle Rechte vorbehalten
Illustrationen: Silvia Reili Preinfalk
Lithografien: Laska Repro Linz/Donau
Druck: Rudolf Trauner, Linz

ISBN 3-926892-00-5

Vorwort zur zweiten Auflage

Die Natur verwehrt uns ihre Geheimnisse solange, bis wir für sie reif geworden sind. Es gibt jedoch immer Begnadete genug, um das Wissen zu erhalten. Wo Gottes Geist wirkt, schafft ER Leben. Im Wasser, in der Luft, im Feuer, in der Erde, im Äther — wimmelt es von Lebewesen. Unser Leben hat sich zum größten Teil aus dieser gesegneten Einheit mit der Natur gelöst, und dadurch verloren wir das Wissen und die Erfahrung mit den feinstofflichen Welten. Für Kinder eine Selbstverständlichkeit. Sie sind Lichtwesen. Ihre Seele ist noch unverschüttet von Gier, Lust, Haß und Neid . . .

Elfen sind Gottes Zärtlichkeit und, wie wir alle, seine Geschöpfe!

Ein Mensch, der liebevoll genug ist und in die Natur einzudringen vermag, kann diese Wesen fühlen, wie sie an ihn herandrängen und ihn umhuschen . . . Je durchlässiger wir werden, desto mehr kann uns die Seele mitteilen, desto besser werden wir das Innenleben der Kinder wieder begreifen. Für unsere Kleinen ist die Innenwelt genauso real wie die Außenwelt! Auch unsere Urahnen lebten ganz selbstverständlich mit den Naturgeistern, und sie alle hatten sicher eine Menge Spaß miteinander. In Gottes wunderbarer Schöpfung greift ein Rädchen ins andere. Keines darf ausgelassen werden: ob Mensch, mit oder ohne Körper, ob Engel, Baum, Strauch, Blume oder die unsichtbaren Kinder der Elemente.

Die feinstoffliche Welt ist den grobstofflichen Sinnen nicht zugänglich. Aber es wird eine Zeit kommen — und sie ist schon nahe — wo die Menschen wieder begreifen, daß alles Äußere ein Nichts ist im Vergleich zu den Kräften der Seele!

Die wichtigste Viertelstunde des Tages ist jene vor dem Schlafen. Das Kind nimmt das Gelesene, Erzählte oder mit der Mutti Besprochene mit hinüber in seine Träume. Das Unterbewußtsein schläft nie. Es verarbeitet und speichert. „Was wir in uns nähren, das wächst! Dies ist ein ewiges Naturgesetz!" sagte Goethe.

Durch längere Zeit praktiziert, werden durch diese abendlichen Lesungen, alle möglichen Angstzustände in den Kinderherzen langsam aber sicher gelöst. Und falls keine neuen hinzukommen, wird das Kind wieder gesunden. Sogar Asthmaanfälle werden seltener und hören schließlich ganz auf. Kinderasthma ist nicht selten verschlucktes Leid, ungeweinte Tränen, ob es sich nun um Eifersucht, vielleicht dem kranken Bruder gegenüber, der alles haben darf oder um ein zu wenig Beachtetsein, keine Zeit haben . . . handelt.

Laßt uns alle helfen, um den Kindern ihre heile Welt wiederzubringen oder sie ihnen zu erhalten. Schenken wir ihnen Elfen, Feen, Zwerge . . . statt Monster! Vor allem aber pflanzen wir in die weichen Kinderseelen menschliche Werte, wie Wahrheitsliebe, Teilenwollen, Gewaltlosigkeit allen Geschöpfen gegenüber, Liebe, Freude und Frieden! Das ist wahre und segenbringende Erziehung!

Bernadette Raab

Inhalt

Die Schlüsselblumenelfen

Der botanische Name ist Primula veris L. oder Echte Schlüsselblume. Unter dem Namen Himmelschlüsselchen ist diese hübsche Blume schon mehr als 1000 Jahre bekannt. Nicht nur, weil sie den Frühling schöner macht. Auch, weil sie seit alters her bei vielen Beschwerden Linderung bringt. Sie hilft bei Bronchitis und Husten. Sie heilt Kopfschmerzen und Rheumatismus.

Und weil sie zuckersüß aussieht, kann man auch eine zuckrige Köstlichkeit aus ihr machen.

SCHLÜSSELBLUMENBONBONS

Nimm viele Schlüsselblumenblüten. Übergieße sie mit ganz wenig Wasser. Dann rühre Zucker dazu. Bei vielen Schlüsselblumen nimm viel Zucker, wenn Du wenige hast, dann muß natürlich auch die Zuckermenge geringer sein. Verrühre alles solange, bis sich der Zucker gelöst hat. Diese Mischung mußt Du kochen, bis eine zähe, klebrige Masse entstanden ist. Aus dem gekochten Schlüsselblumen-Zuckergemisch forme kleine Bonbons.

SCHLÜSSELBLUME

An einem gottvoll schönen Frühlingstag hockte Julchen im Garten vor einer Gruppe Schlüsselblumen. Sie beugte sich nach vorne, preßte ihre Handflächen auf den Boden und steckte immer wieder ihr Stupsnäschen in die Blüten.

„Hm! Wie wunderbar ihr duftet! Wie hübsch und niedlich ihr ausseht, kleine Himmelschlüssel!"

Plötzlich hörte sie viele Piepsstimmchen, so rein und hell wie Glöckchen am Ostermorgen. Da war ein Lachen, ein Scherzen und Sichfreuen. Das kleine Mädchen lauschte gebannt, und seine Augen wurden groß, größer, am größten. Da tanzten doch tatsächlich über den Schlüsselblumen winzige Lichtwesen, kleiner als Eure Fingernägel. Ihre Körper, die langen Haare und Kleider waren wie Hauch, so duftig und leicht, wie eine weiße, von der Sonne beschienene Wolke. Auf dem Kopf trugen sie glitzernde Krönchen, geformt aus winzigen Tautröpfchen.

„Ooooh!" staunte Julchen. „Wer seid ihr denn?"

„Wir sind die Schlüsselblumenelfen", sagte eines der putzigen Lichtwesen und schwebte auf Julchens Haarmasche.

Das Mädchen nahm seinen Zopf in die Hand, um die Elfe besser sehen zu können.

„Was sind Elfen?"

„Unsterbliche Naturgeister, die in Blumen, im Wasser, in der Luft, in den Bäumen und im Feuer wohnen", erklärte das winzige Ding. Wir Blumenelfen haben die Aufgabe, die Heilkraft der Pflanzen zu verstärken und zu bewahren."

„Ihr könnt also kranke Menschen heilen?" Julchen war ganz aufgeregt. Sie dachte nämlich an ihren Großvater, den sie sehr lieb hat, der aber immer über

Rheuma klagte.

„Wir können nur helfen", antwortete das Elflein, „wenn der Kranke voll Ehrfurcht, Vertrauen und Glauben die Blüten verwendet."

Dann hopste das zauberhafte Blütenseelchen von Julchens Zopf zurück zu den anderen. Alle Elfen waren in ständiger Bewegung. Lautlos und ohne Schwere schwebten und tanzten sie zur Ehre Gottes und aus reiner Freude am Leben. Das war ein Glitzern und Leuchten! Julchen rieb sich die Augen, zwickte sich in den Arm, weil sie zu träumen glaubte. Und dann fühlte auch sie sich durchdrungen von jenem Licht, das die Elfen, die Blumen, das Gras und alles ringsum erhellte.

„Ooooh!" staunte das Mädchen. „Ooooh!" Es fiel ihr nichts anderes ein. Das war einfach ungeheuer. Sie wollte ihre kleinen Freunde den Eltern vorstellen. „Wartet ein wenig! Ja? Bitte!" Und weg war sie.

„Bleib hier!" rief ein Blütenseelchen, „deine Eltern können uns nicht sehen!"

Aber Julchen war schon im Haus verschwunden.

„Vati, Mutti, kommt schnell! Im Garten warten die Elfen!"

Julias Vater fiel vor Schreck die Pfeife aus dem Mund. „Wer wartet?"

„Die Elfen!"

„Meine Güte!" stöhnte die Mutter, „bist du krank, Julchen?"

„Aber nein, Mutti! Bitte, kommt doch mit!"

Die Kleine nahm Vati und Mutti an der Hand und führte sie hinaus in den Garten zu den Schlüsselblumen.

„Seht nur! Wenn ich doch auch so tanzen könnte!"

11

„Tanzen?! Wer tanzt denn hier?"

„Seht ihr sie denn nicht?!"

„Wen?! Um alles in der Welt! Kind!"

„Die Blumenelfen, Mutti!"

Mutter machte ein besorgtes Gesicht. Vater nahm sein Töchterchen energisch an der Hand und zog es fort. Julchen wollte bleiben. Sie weinte und bettelte. Es half nichts.

„Weine nicht, Prinzeßchen!" riefen die Elfen hinter ihr her. „Wir warten auf dich!"

Julchens Eltern machten sich Sorgen um ihre kleine Tochter. Diese überströmende Fantasie mußte doch zu bändigen sein!

„Ich werde mich um die Kleine kümmern", versprach der Großvater. „Aber vielleicht sieht sie diese Elfen tatsächlich! Wir können solche Wesen deshalb nicht sehen, weil wir nur noch irdische Augen haben und unsere himmlischen längst erloschen sind."

„Da fällt das Kind ja in die richtigen Hände", schimpfte der Vater und ging. Julchens Mutter warf dem Großvater einen verärgerten Blick zu und folgte ihrem Mann.

Den ganzen Nachmittag saß Julchen in ihrer Spielecke und verging beinahe vor Sehnsucht nach ihren Freunden.

„Du wirst sie wiedersehen!" versprach der Großvater.

„Gehen wir zu ihnen, Großpapa!? Bitte! Bitte!"

Der Großvater kratzte sich hinterm Ohr. Das war immer ein Zeichen, daß er angestrengt nachdachte.

„Würdest du deine kleinen Freunde etwas fragen, mein Kind?"

„Aber natürlich, Großpapa."

„Ich möchte wissen, wie ich mein verflixtes Rheuma loswerde. Die vielen Tabletten machen meinen Magen kaputt!"

Julchen strahlte.

„Komm!" Vertrauensvoll schob sie ihre kleine Hand in die ihres Großvaters. So gingen sie hinaus in den Garten.

Julchen jauchzte, als sie sich vor den Schlüsselblumen ins Gras kniete und diese putzigen Lichtfigürchen so fröhlich tanzen sah und lachen hörte.

„Siehst du sie?"

Der Großvater schüttelte den Kopf.

„Frage, was ich tun soll!" flüsterte er. „Du weißt schon – wegen dem Rheuma!"

„Zwei Schalen Schlüsselblumentee über den Tag verteilt, Großpapa", gab Julchen weiter. „Es hilft auch gegen deine Schlaflosigkeit!"

„Bedanke dich, Julchen!" murmelte er.

„Gerne, Großpapa. – Danke! Vielen Dank!" sagte Julchen und machte gleich darauf ein bekümmertes Gesicht.

„Wenn du Tee trinkst, müssen wir die Blumen pflücken! Das wird die Elfen traurig machen!"

Da lachten die kleinen Lichttröpfchen.

„Wenn ihr die Blüten zu einem guten Zweck pflückt, macht uns das nicht traurig", sagten sie. „Es ist wunderschön, den Menschen zu helfen! Leider haben sie so wenig Vertrauen zu uns."

„Großpapa vertraut euch ganz bestimmt!" sagte Julchen. „Was geschieht aber mit euch, wenn die Blüten gepflückt werden?"

„Du brauchst dich um uns nicht zu sorgen, Prinzeß-chen! Wir können in der Luft, in der Erde und im

Wasser leben. Nächstes Jahr gibt es dann auch wieder Schlüsselblumen. Wenn ein Mensch das Teetrinken sehr ernst nimmt und Ehrfurcht vor den Pflanzen hat, treten wir sogar für eine Weile in seinen Körper ein und verstärken die Heilkraft."

„Was sagen sie denn?" fragte der Großvater, der zwar Julchens Frage, aber keine Antwort hörte.

„Du mußt das Teetrinken sehr ernst nehmen und Ehrfurcht vor den Pflanzen haben!"

Er nickte.

„Wird mein Großvater ganz bestimmt wieder gesund?"

„Nur dann", sagte ein Elflein, „wenn er sich mit eurer Nachbarin nicht länger streitet. Er darf ihr nie mehr mit dem Gartenschlauch das Radio vom Tisch spritzen! Und er muß in Zukunft ausgesprochen nett zu ihr sein! Sag ihm das, Prinzeßchen!"

Julchen seufzte. Das war nicht ganz einfach.

„Und?" drängte der Großvater.

„Du darfst Frau Brack das Radio nicht mehr vom Tisch spritzen!"

Großvater stand da, als hätte der Blitz neben ihm eingeschlagen.

„Das wissen sie auch?!" staunte er. „Aber die Brack läßt das Radio so laut spielen, daß ich im Garten nicht einmal die Zeitung ungestört lesen kann. Sie ist ein böses Weib! Sag das deinen Elfen!"

Julia gehorchte und erhielt auch prompt Antwort.

„Du solltest trotzdem ausgesprochen nett zu ihr sein!"

„Das – das – geht nicht!" stotterte er.

„Du mußt mit allen Menschen und Tieren in Frieden leben, Großpapa! Sonst kannst du nicht gesund werden. Auch nicht, wenn du zehn Liter Tee am Tag trinkst. Du brauchst Frau Brack nur freundlich zu grüßen und ihr ab und zu ein paar nette Worte sagen."

Das war ein harter Brocken für Julchens Opa. Deshalb kratzte er sich wieder einmal mit der rechten Hand hinterm linken Ohr. Er war bereit, die ganze Welt freundlich zu grüßen, sogar einen Indianer auf Kriegspfad. Aber die Witwe Brack! Die nicht!

„Dann mußt du dein Rheuma behalten, Großpapa!" Julchen begann zu schluchzen, denn die Elfen hatten aufgehört zu tanzen und fröhlich zu sein.

„Hör auf zu heulen, Julchen!" sagte Großpapa nach einem schweren inneren Kampf. „Also gut, ich werde diese dumme Fuchtel..."

„Groooßpapaaa!!"

Schließlich verstand der Großvater, daß eine Vergebung aus seinem Inneren kommen mußte, und überwand sich.

Er begann Frau Brack freundlich zu grüßen. Mit der Zeit entdeckte er immer mehr gute Eigenschaften an seiner Nachbarin. Sie wurden sogar Freunde und lachten über ihre einstige Dummheit, dem anderen immerzu eins auszuwischen.

Nach der Versöhnung trank Großvater täglich zwei Tassen Schlüsselblumentee. Es dauerte gar nicht lange, und er war nicht nur sein Rheuma los, sondern auch die Schlaflosigkeit. Der wiedergewonnene Tatendrang erstreckte sich dann auch auf den Garten der Nachbarin.

Die Freundschaft zwischen Großvater und Enkelin wurde noch inniger. Sie spazierten stundenlang über Wiesen und Felder, freuten sich an den Schönheiten der Natur und plauderten über ihre gemeinsamen

Freunde, die Elfen. Auch wenn Großvater sie nicht sehen konnte, glaubte er Julchen. Schließlich hatten ihn die kleinen Dinger gesund gemacht. Außerdem war das neue Leben in Friede und Freude mit der ganzen Umwelt wie ein himmlisches Geschenk für ihn.

Julchens Eltern hatten die Angelegenheit im Streß des Alltags beinahe vergessen. Großvater und Enkelin konnte das nur recht sein.

Großpapa war nun oft zu Gast bei der Witwe Brack. Sie verwöhnte ihn mit köstlichen Spezialitäten. Kochen ist nämlich ihre große Stärke. Er wiederum vertraute ihr Julchens Geheimnis an.

Natürlich zweifelte sie zuerst. Aber als Großvater so überzeugend von seiner Heilung berichtete, wollte sie es auch einmal probieren. Sie möchte ein Schönheitsrezept für ihre Haut – ohne chemische Zusätze. Ob Julchen wohl mal fragen könnte?

„Sie will mir gefallen!" vertraute Großpapa seiner Enkelin an.

„Macht ja nichts!" meinte Julchen.

Großvater lachte.

Die beiden saßen auf der Gartenbank. Plötzlich kletterte Julchen auf Großpapas Schoß. Liebevoll drückte er das Kind an sich.

„Weißt du, Prinzeßchen", begann er, „in alten, uralten Zeiten wohnten die Menschen in Häusern voll Licht und Wärme. Sie liebten, achteten und halfen einander. Heute ist es dunkel geworden trotz Glühbirnen und Neonröhren. Die Menschen steigen immer mehr hinunter ins Dunkel. Sie lügen, betrügen, sie hassen und töten. Wir alle, die wir heute atmen, müssen versuchen, uns aus dieser Dunkelheit zu be-

16

freien."

„Was können wir tun, Großpapa?"

„In der ganzen Schöpfung schwingt die Sehnsucht nach Erlösung, mein Kind! Wir alle sollten Lichtbringer sein! Gedanken der Liebe in die Welt senden, Prinzeßchen! Uns mit dem Nachbar versöhnen, wie Frau Brack und ich es getan haben."

„Ja, Großpapa!"

„Du, mein Kind", fuhr der Großvater fort, „mußtest noch nicht ins Dunkel hinuntersteigen. Du lebst im Licht. Ich danke Gott täglich dafür."

„Du bist der einzige, der an meine Elfen glaubt!"

„Ja, Prinzeßchen. Vielleicht deshalb, weil ich schon alt bin und auf meiner langen Wanderung gelernt habe, die Schleier ein wenig von den Augen zu ziehen. Es war ein harter und beschwerlicher Weg. Nun beginne ich wieder, h i n t e r die greifbaren Dinge zu sehen. Ich versuche, anderen Menschen zu helfen, fühle mich verantwortlich für Tiere und denke viel über Gott und seine Schöpfung nach! Das ist eine wundervolle Erfahrung, Prinzeßchen! Eine schöne Aufgabe und mehr wert, als aller Tand dieser Erde!"

Julchen verstand nicht alles, was Großpapa da so in seinen Bart murmelte. Aber sie war überzeugt, daß es stimmte, denn Großvater war nicht nur der Gescheiteste, sondern auch der Allerbeste auf der ganzen Welt.

„Ich habe mich bei den Elfen erkundigt wegen Frau Bracks Schönheitsrezept", gestand Julchen nach einer längeren Pause.

„Und?"

„Die Elfen raten zur Walderdbeere!"

Aber davon erzählt die nächste Geschichte.

Die Walderdbeerelfen

*Fragaria vesca L. nennen die Apotheker die süße Walderd-
beere. Bevor sie ihre Früchte trägt, könnte man sie mit einer
anderen Pflanze verwechseln, nämlich mit dem Erdbeerfinger-
kraut. Bei dem wartet man aber vergeblich auf die wohlschmek-
kenden Früchte.*

Aus den Blättern der Walderdbeere läßt sich ein Tee bereiten.

WALDERDBEERTEE

*Sammle im Frühling junge Walderdbeerblätter und trockne sie
im Schatten. Die getrockneten Blätter kannst Du während des
ganzen Jahres verwenden. Zum Tee nimmst Du einen gehäuften
Teelöffel der Blätter und übergießt mit einer Tasse kochendem
Wasser. Zugedeckt fünf Minuten ziehen lassen. Nach Geschmack
mit Honig süßen. Hilft bei Ausschlägen und Nierenleiden.*

Reili   WALDERDBEERE

Seit Julia mit den Elfen der Walderdbeere Verbindung aufgenommen hatte, war Frau Brack unansprechbar. Sie lag beinahe den ganzen Tag auf ihrem Liegestuhl im Garten mit dem verordneten Erdbeerbrei auf dem Gesicht.

„Man kann alles übertreiben!" schimpfte der Großvater. „Du weichst ja deine Haut völlig auf!"

Frau Brack seufzte ausgiebig. Sie stand auf, ging zur Wasserleitung und wusch sich.

„Sieh mich nur an, Viktor! Es hilft nicht! Nun mache ich es schon wochenlang! Vielleicht hat sich die Kleine verhört?!"

Grete Brack machte ein Gesicht, als wollte sie gleich losheulen.

„Nein", sagte Viktor. „Julchen hat sich nicht verhört."

„Ich habe mich aber genau an die Vorschrift gehalten: Frischer Erdbeersaft mit etwas Milch vermischt, zwei Stunden auf Gesicht und Hals einwirken lassen. Dann mit Wasser abspülen. Das soll reinigen, nähren und die Haut verschönen!"

„Julchen kann ja noch einmal nachfragen", beschwichtigte der Großvater. Aber er hegte einen Verdacht. Die Erdbeerkur konnte nicht wirken, weil Frau Brack alles von der negativen Seite des Lebens betrachtete. Das heißt, sie sah in allem, was so auf sie zukam, nur Böses, Unangenehmes, Hinterlistiges, mit einem Wort: Negatives. Was auch geschah, sie fand überall etwas auszusetzen und war deshalb auch ständig unzufrieden, obwohl sie im Grunde kein schlechter Mensch war. Das betonte der Großvater immer und immer wieder.

„Kind, frag bitte deine Freunde noch einmal!" bat

20

er seine Enkelin. „Irgend etwas stimmt nicht. – Frau Brack hat auch noch ein paar wackelige Zähne, die sie unglücklich machen!"

Als Julchen zu den Elfen kam, hockten diese unbeweglich auf Blüten und Früchten.

„Warum tanzt ihr denn heute nicht?" fragte das Kind besorgt.

„Frau Brack macht unsere Heilkraft zunichte!" erklärten die Blütenseelen.

„Aber wieso denn?"

„Sie muß aufhören, den ganzen Tag über an negatives Zeug zu denken. Sag ihr das, Prinzeßchen!"

„Was ist negatives Zeug?"

„Negativ ist das Gegenteil von gut und schön."

„Aha!" staunte Julchen. In ihrem Kopf schwirrte es wie in einem Bienenschwarm. Sie seufzte. „Wartet bitte! Ich hole Großpapa. Er versteht es besser und kann es dann Frau Brack erklären."

Und weg war sie.

„Beeile dich, Großpapa!" Sie zerrte an seinem Rockzipfel.

„Es geht nicht schneller, mein Kind! Du hörst ja. Ich keuche ohnehin schon wie eine Maschine mit Motorschaden!"

Vor der Waldlichtung ließ sich Großvater ins Gras fallen und wischte sein Gesicht mit einem roten, weißgetupften Taschentuch ab.

Julchen war außer sich vor Freude. Die kleinen Lichttröpfchen hatten wieder angefangen, sich zu bewegen und fröhlich zu sein.

„Was sagen sie denn?" Großvaters Atem pfiff noch immer.

„Noch gar nichts. Aber sie freuen sich, weil du

gekommen bist."

„Tatsächlich, Prinzeßchen?! Wie sehen sie diesmal aus, deine kleinen Freunde? Ich möchte sie mir vorstellen können."

„In ihren Krönchen schimmern strahlend rote Pünktchen!"

„Das sind Rubine."

„Was sind Rubine, Großpapa?"

„Rote Edelsteine, mein Kind!"

„Aha. – Die Kleidchen sind wie sanftes Licht", fuhr Julchen fort. „Ein duftiges Weiß zerfließt mit einem Hauch von Grün. Die Erdbeerelfen sind etwas größer als ihre Schwestern von den Himmelsschlüsseln. Aber sie sind genau so lieb."

„Wie schade, daß ich sie nicht sehen kann!"

„Das ist wahr, Großpapa!"

„Hm."

„Würdest du Frau Brack etwas ausrichten?" bat Julchen.

„Aber gern, mein Kind."

„Ihre Haut kann nicht schöner werden, weil sie falsch denkt, Großpapa. Negativ, sagen die Elfen."

„Da haben sie recht."

„Negativ ist das Gegenteil von gut und schön."

„Ist mir bekannt, Prinzeßchen. – Was sagen deine Freunde noch?"

„Sie ersuchen dich, Frau Brack zu erklären, daß Gedanken Schwingungen erzeugen und Kräfte sind, die sich früher oder später verwirklichen. Verstehst du das, Großpapa?"

„Ich glaube schon. Heilen ist etwas Gutes, während Frau Bracks negatives Denken schlecht ist. Die Heilstrahlen können nicht durchdringen, weil sie von

22

negativen Schwingungen aufgehalten werden."

„Oooh!" staunte Julchen.

Während nun der Großvater in Gedanken versank, konnte Julchen endlich nach Herzenslust mit ihren Freunden scherzen und spielen. Die Blütenseelchen waren wieder ganz die alten. Sie schwebten auf Julchens Arm, Kopf, Zopf und Schultern, tanzten und glitzerten um die Wette.

„Um Himmels willen!" Großvater rappelte sich hoch. „Es dämmert schon! Wir müssen schleunigst nach Hause. Deine Mutti wird böse sein! Uuuh!"

„Wird sie nicht, Großpapa!" Julchen lachte übermütig. „Mutti kommt heute erst später nach Hause."

„Deine Mutter verspätet sich nie! Also komm!"

Der Abschied fiel Julchen, wie immer, schwer. Doch sie sah ein, daß sie sich beeilen mußte.

Der Großvater nahm seine Enkelin an der Hand und machte Riesenschritte. Das Mädchen lief neben ihm her.

Frau Werthen hatte an diesem Abend tatsächlich Verspätung.

„Das ist ein Wunder!" stellte der Großvater fest. „Wie konntest du das wissen, Prinzeßchen?"

„Die Elfen wußten es."

„Ihr beide seht heute so geheimnisvoll und glücklich aus", stellte Frau Werthen fest.

Großvater lachte. Nur leise, damit er keinen Verdacht erregte, denn seine Schwiegertochter mußte nicht unbedingt von den täglichen Besuchen bei den Elfen Wind bekommen.

„Du mußt das richtig verstehen", redete Großpapa auf seine Nachbarin ein. „Gedanken sind nämlich wie

23

Magnete. Ein guter Gedanke zieht Gutes an. Während ein angsterfüllter, ein unfreundlicher, ein grausamer Gedanke eben solche Dinge in dein Leben bringt. So wie du heute denkst, sieht dein Morgen aus. Du selbst gestaltest deine Zukunft. Ist das nicht ungeheuer?"

„Ungeheuer!" wiederholte Grete Brack und vergaß, den Mund zu schließen.

„Jeder Lichtgedanke", fuhr der Großvater fort, „fließt in den Lichtstrom, von dem das Bestehen der Menschen und unserer Erde abhängt. Wird es aber in Zukunft nicht genügend Menschen geben, die Licht aussenden, muß die Welt in der großen Dunkelheit versinken und wir mit ihr. Ein Mensch mit negativen Gedanken raubt allen anderen das Licht. Verstehst du das, Grete?"

„Mir wird angst und bange. Was habe ich da mein ganzes Leben lang angerichtet? Aber ich wußte es nicht besser. Und nun bin ich zu alt, um umzulernen."

„Man ist nie zu alt! Schau mich an!"

„Wir könnten es ja gemeinsam versuchen, Viktor. Vielleicht schaffe ich es dann?!"

„Im Grunde ist das furchtbar einfach, Grete. Alle großen Dinge sind einfach", sagte der Großvater. „Gott ist der große Einfache. – Niemand kann zwei Dinge gleichzeitig tun. Wer froh ist, kann nicht gleichzeitig traurig sein. Um nicht mehr negativ zu denken, brauchst du also nur ein froher Mensch zu werden."

„Das hätte man mir schon als Kind beibringen müssen!"

„Ja. Schon Kinder müßten lernen, daß Negatives am Ende immer Leid bringt, während gute Gedanken und Handlungen Wohlergehen und Glück schaffen.

Darin liegt eine ungeheure Verantwortung der Eltern und Erzieher. – Also stürzen wir uns gleich in die Praxis. Was denkst du am Morgen beim Aufstehen?"

Frau Grete räusperte sich ausgiebig und dachte eine Weile nach.

„Willst du mich ausfragen?"

„Nur helfen, Grete. Dasselbe möchten die Elfen und auch Julchen. Warum vertraust du uns nicht?"

„Es ist eine Schande, Viktor! Schon der erste Gedanke am Morgen taugt nichts! Anstatt mich über das muntere Vogelgezwitscher zu freuen, ärgere ich mich, weil ich zu früh erwache. Dann schimpfe ich auf den Tag, der mir wahrscheinlich wieder eine Menge Ärger und unnütze Arbeit bringt."

„Aber du arbeitest doch gern!"

„Und trotzdem ärgere ich mich. Kannst du dir so einen verdrehten Menschen vorstellen?! Ich gehöre zu denen, die den ganzen Tag eine schwarze Fahne vor sich hertragen. Du verstehst, Viktor?"

Der Großvater nickte. Er dachte angestrengt nach, wie er seiner Nachbarin nun wirklich aus dieser völlig negativen Einstellung heraushelfen könnte. Das würde nicht leicht sein. Sie ärgerte sich, wenn es regnete, sie ärgerte sich, wenn die Sonne schien, sie schimpfte auf das viele Unkraut, auf das zu klein geratene Gemüse, sogar Kater Pezi konnte es ihr niemals recht machen.

„Wenn du deine negative Einstellung aufgibst", sagte Viktor, „wird sich dein Leben völlig verändern. Du wirst freier und glücklicher! Glaube mir! Es ist eine Anstrengung wert. Und noch dazu leistest du deinen Beitrag zum Wohle der Menschheit."

„Das wäre schön!" Grete Brack träumte vor sich

hin. „Eigentlich bin ich mein eigener Feind", sagte sie, „wenn ich es mir so recht überlege. Ach, Viktor, ich bin ein Scheusal!"

„Das bist du ganz und gar nicht!" sagte der Großvater. „Du denkst nur falsch! Das ist alles!"

Frau Brack begann in ihre weiße Schürze zu heulen.

„Es wird alles gut, wenn du nur anfängst, deine Gedanken zu beherrschen! Niemand kann dich zwingen, dies oder jenes zu denken."

Langsam beruhigte sich Grete Brack. Hilfesuchend schaute sie zu Viktor auf.

„Wie soll ich es machen?"

„Ich sagte es dir bereits. Die Freude ist das beste Abwehrmittel gegen negatives Denken. Wenn du das einen einzigen Tag durchhältst, fühlst du dich am Abend schon bedeutend wohler."

Frau Brack war zwar guten Willens, doch sie wußte nicht recht, worüber sie sich freuen sollte. Viktor ließ nicht locker. Er zählte ihr die kleinen Freuden des Alltags auf: eine Blume, das Zwitschern der Vögel, ein Schmetterling oder eine Hummel, ein Marienkäfer, der Sonnenschein, der wohltuende Regen, ein nettes Wort, eine liebe Geste, eine schöne Landschaft, der Besuch Julchens, die Bekanntschaft und der Glaube an die Elfen, ein überwältigender Sonnenuntergang und noch vieles mehr.

„Freude wirkt Wunder! Du wirst es erleben, Grete!" versprach Viktor.

Großvater hatte noch einiges zu erledigen und verabschiedete sich für heute. Zurück blieb eine nachdenkliche Grete Brack.

Schon am nächsten Tag war Frau Brack nicht wiederzuerkennen. Frisch gewaschenes Haar. Kleid und

Schürze tadellos. Ihr Gesicht strahlte wie die Maisonne persönlich. Als Großvater den festlich gedeckten Tisch unterm Lindenbaum entdeckte, staunte er nicht wenig.

„Was soll denn das, Grete?"

„Dies wird das üppigste und fröhlichste Gabelfrühstück unseres Lebens!"

„Was – feiern – wir – denn?"

„Meinen Neubeginn! Setz dich, Viktor, und greif zu!"

„Das ist ja ein Ding!"

Viktor konnte es kaum fassen. Diese Kehrtwendung kam sogar für ihn zu rasch. Grete Brack war tatsächlich nicht mehr dieselbe. Von einem Tag auf den anderen! Es war ein Wunder! Als sich Viktor einigermaßen vom Staunen erholt hatte, griff er herzhaft zu. Es schmeckte köstlich. Die beiden Leutchen lachten und scherzten, hielten sich an den Händen und waren rundum glücklich und zufrieden.

„So einfach ist das!" strahlte Grete. „Und so alt mußte ich werden, um dies zu begreifen. Schade um die vielen verlorenen Stunden!"

„Mache dir keine Gedanken über verlorene Stunden. Nur wer Leid erfahren hat, weiß auch, was echte Freude ist! Nur wer unglücklich war, ist imstande, wahres Glück zu genießen! Und Jammern ist in Zukunft nicht mehr drin, Grete!"

Frau Brack schenkte Großvater eine weitere Tasse Kaffee ein. ‚Tag und Nacht', versteht sich. Er griff an sein prall gefülltes Bäuchlein.

„Wirklich die letzte, sonst…"

Im selben Augenblick landeten in Viktors Kaffeetasse zwei Lindenblüten und ein schwarzer Käfer.

„Auch gut", sagte Viktor. „Ich bin ohnehin voll bis obenhin."

Im menschlichen Leben folgt auf jedes Hoch ein Tief und umgekehrt. Das ist nun einmal so. Wichtig ist, wie und ob der Mensch es meistert. Bei Grete Brack kam das Tief in Form des Briefträgers: zwei Rechnungen, eine Mahnung und ein Schreiben ihrer unglücklichen Nichte Barbara, die ihren Kummer mit dem kleinen Stefan schilderte.

„Sieh dir das an, Viktor!"

„Schau hinter die Kulissen, Grete. Freu dich, daß du Geld genug hast, um die Rechnung zu begleichen."

„So kann ich es natürlich auch sehen. Und die Mahnung?"

„Wer gute Arbeit leistet, hat ein Recht auf Gegenleistung."

„Stimmt. Es war mein Fehler, nicht sofort zu bezahlen. Wird nicht mehr vorkommen. – Aber an Barbaras Brief gibt es keinen positiven Strich, Viktor."

„Vielleicht hast du eine Aufgabe an deiner Nichte und ihrem kleinen Sohn zu erfüllen, Grete. Es gibt nichts Schöneres, als anderen zu helfen!"

„Das Leben hat wirklich zwei Seiten. Und man muß es nur von der richtigen sehen und anpacken. Ich habe das Gefühl, Viktor, als ob eine riesige Welle von Licht auf uns zukäme. – Weißt du, der kleine Stefan ist ein richtiges Sorgenkind. Er will nicht essen, heult beinahe ununterbrochen, bekommt jede Krankheit, die in den Büchern steht, kurzum, er macht seiner Mutter nur Sorgen!"

„Du wirst das schon hinkriegen, Grete!"

„Ich kann dir gar nicht sagen, wie frei und froh ich mich plötzlich fühle, Viktor. Positives Denken ist

28

tatsächlich eine Supermacht und verändert unser Leben. Wie können wir den kleinen Himmelswesen jemals genug danken?!"

Großvater war jedoch überzeugt: die Elfen wollten keinen Dank. Sie freuten sich am Glück der Menschen.

Frau Brack wechselte das Thema.

„Ich möchte die Vergangenheit vergessen! Nur nicht mehr zurückdenken! Past is dust!"

„Seit wann sprichst du Englisch? Du bist ja direkt gebildet! Aber es stimmt! Nur der Augenblick ist von größter Wichtigkeit. Der heutige Tag genügt. Der morgige sorgt für sich selbst."

„Du bist ein weiser Mann, Viktor!"

„Das machen die Jahre, meine Liebe. Und die vielen Höhen und Tiefen des Lebens. Sie sind die besten Lehrmeister. Würde der Mensch freiwillig lernen, wäre alles Leid überflüssig. Aber er tut es nicht. Oder nur selten."

Viktor und Frau Grete saßen noch den ganzen Nachmittag zusammen und plauderten über dies und jenes, immer darauf achtend, bloß keine zerstörenden Gedanken einzulassen oder sie gar auszusprechen.

Am nächsten Tag machte Großvater mit seiner Enkelin einen langen Spaziergang. Es war wunderschön in freier Natur, und alles Leben streckte sich den wärmenden Sonnenstrahlen entgegen. Schmetterlinge schaukelten schwerelos im Winde. Bienen und Hummeln summten und brummten um die Wette. Jeder Grashalm strotzte vor Gesundheit und alles Leben pries Gott auf seine Weise. Und wie jedesmal landeten die beiden Spaziergänger bei den Elfen.

Das war ein Begrüßen und Sichfreuen, daß dem Großpapa ganz warm ums Herz wurde. Er setzte sich etwas abseits ins Gras und hörte dem munteren Geplapper seiner Enkelin zu.

„Ich danke dir, lieber Gott", betete er, „für dieses Kind! Und für die Gabe, die DU ihm geschenkt hast! – Julchen!"

„Ja, Großpapa?"

„Frage deine Freunde, ob Frau Brack wieder mit ihrer Kur beginnen soll!"

Julchen gehorchte.

„Frau Brack", berichtete sie dann, „darf niemals wieder aufhören, Gutes und Schönes in ihr Leben zu denken."

„Und weiter?"

„Sie kann mit ihren Erdbeermasken wieder beginnen. Vor allem aber soll Frau Brack immer froh und dankbar sein."

„Wir bemühen uns sehr. Sag das bitte deinen Freunden!"

„Gerne, Großpapa."

„Noch etwas, Julchen?"

„Ja. Wenn Frau Brack ihre Blumen, das Gemüse, die Sträucher und die Bäume in ihrem Garten lieb hat und sie als Lebewesen betrachtet, mit ihnen spricht und fühlt, wird alles prächtig gedeihen."

„Und was machen wir mit den vielen Maulwürfen?"

„Ihr sollt sie dorthin schicken, wo sie keinen Schaden anrichten, und immer daran denken, daß auch sie Geschöpfe Gottes sind. Wer Menschen, Tieren oder Pflanzen mit Absicht Leid zufügt, taugt nichts, Großpapa. Er ist kein guter Mensch. Und alles Leid, das er über andere gebracht, wird früher oder später zu ihm zurückkehren."

„Deine Elfen sind sehr weise, mein Kind. Es stimmt, was sie sagen. Was der Mensch sät, das erntet er. Dies ist ein kosmisches Gesetz!"

Obwohl Julchen noch zu klein war, um alles zu verstehen, so war sie trotzdem überzeugt, daß es stimmte.

„Das Leben ist wie ein Kreis", sinnierte der Großvater weiter, „auch alle Ereignisse vollziehen sich im Kreis. Gräbt jemand eine Grube für einen anderen, so kehrt er eines Tages selbst dorthin zurück und fällt hinein."

„Davon haben die Elfen nichts gesagt, Großpapa."

„Nein, Prinzeßchen. Das habe ich aus Büchern gelernt, die weise Männer geschrieben haben. – Was sagten deine Elfen noch?"

„Frau Brack und du, ihr solltet viele, viele Erdbeeren essen. Erdbeeren sind sogar gut gegen wackelige Zähne."

„Das ist ja ein Ding!"

Julchen lachte.

„Ich weiß noch etwas, Großpapa. Du hast auf dem Oberarm ein Geschwür."

„Das ist ja ein Ding!"

Großpapa war sichtlich durcheinander. Er fragte, ob auch er Erdbeerbrei auflegen sollte. Aber die Elfen rieten zu Umschlägen mit zerriebenen Erdbeerpflanzen. Großvater bat Julchen, wie schon so oft, sich bei den Elfen zu bedanken.

Dann vergaß die Kleine ihre Umgebung. Sie lachte und scherzte mit den wundersamen Lichttröpfchen. Irgendwann fiel der Name Stefan. Großvater dachte angestrengt nach, wo er diesen Namen schon einmal gehört hatte. Es wollte ihm nicht einfallen.

Der Abschied stimmte Julchen wieder einmal traurig.

„Wir wollen nicht, daß du traurig bist", sagten die Blumenseelchen. „GOTT will, daß sich alle seine Kinder freuen! GOTT ist nämlich die F r e u d e , Prinzeßchen!"

„Freut ihr euch, wenn ihr tanzt?" fragte Julchen.

„Ja. Und durch unseren Tanz und unsere Freude ehren wir GOTT. Verstehst du das, Prinzeßchen?"

„Weiß nicht recht", sagte das Mädchen.

Dann warf sie den Walderdbeerelfen noch viele Kußhändchen zu, und mit Großvaters energischer Hilfe gelang es ihr schließlich doch, den Nachhauseweg anzutreten.

„Wer ist Stefan?" fragte der Großvater.

„Der Kleine von Frau Bracks Nichte. Ich habe den Elfen von ihm erzählt."

Jetzt erinnerte sich Großvater blitzartig. Das war doch der kleine Junge, der weder essen noch richtig schlafen wollte.

„Frau Brack und du, ihr solltet viele Erdbeeren essen. Das habe ich dir ja schon gesagt, Großpapa."

„Ja, mein Kind. Wegen der wackeligen Zähne. Aber meine Zähne können nicht wackeln. Ich habe ein künstliches Gebiß."

„Nicht nur wegen der Zähne, Großpapa. Erdbeerschlemmereien verlängern das Leben. Und sie bringen Jugendkraft!"

„Das ist ja ein Ding!"

„Du bist aber heute gut aufgelegt!" Julchen lachte. „Großpapa, bist du auch ein Gotteskind?"

„Das hoffe ich! Haben deine Elfen etwas anderes

behauptet?"

„Nein! Sie sagten nur, daß sich Gotteskinder immer freuen sollten! Das mag der liebe GOTT sehr, weißt du!"

„Ja. Es steht schon in der Bibel."

„Was ist die Bibel, Großpapa?"

„Das Buch der Bücher, mein Kind, vollgestopft mit uralten und ewig neuen Weisheiten."

„Aha", staunte Julchen. „Liest du mir einmal daraus vor?"

„Mache ich, Prinzeßchen."

Die Weißdornelfen

Kennst Du die Mehlbeere oder den Hagedorn? Das sind die volkstümlichen Namen für den Weißdorn. Er gehört zur Familie der Rosengewächse. Leider riecht er nicht so gut wie seine Verwandten – die Rosen. Dafür wird er sehr alt. Ein Weißdornstrauch kann bis zu 600 Jahre lang auf seinem Platz ausharren. Früher wurden seine roten Früchte als Schweinefutter verwendet. Das hat den Schweinen sicher gut getan, denn Weißdorn enthält viel Vitamin C.

Aus Blüten und Blättern kannst Du Dir ein Bad bereiten.

WEISSDORNBAD

Für ein Vollbad brauchst Du etwa 250 g getrockneten Weißdorn. Übergieße mit 3 Liter kochendem Wasser. Anschließend seihst Du die erhaltene Flüssigkeit in Dein Badewasser. Das beruhigt!

34

WEISSDORN

Es war in der ersten Maiwoche, als Barbara mit ihrem kleinen Sohn in Schönenbach ankam. Sie hatte lange überlegt, weil sie Tante Grete als eine Frau in Erinnerung hatte, mit der man nicht ganz leicht auskam.

Dann – die große Überraschung! Tante Grete war einfach nicht mehr dieselbe. Barbara kam aus dem Staunen nicht heraus. Die Tante wirkte gepflegt und jugendlich. Und sie war ein anderer Mensch: heiter, nett, freundlich und hilfsbereit.

„Bist du es wirklich? Was ist nur mit dir geschehen, Tante Grete?"

„So allerhand, mein Kind! Aber das erzähl ich dir ein andermal. Erst müssen wir uns um Stefan kümmern! Er macht dir großen Kummer, nicht wahr?"

„Sehr großen Kummer, Tante. Die Ärzte haben ja alles versucht. Aber er will nicht essen, schläft unruhig... Ach!"

„Stefan wird gesund! Ich verspreche es dir!"

„Ach Tante! Ich habe solche Angst!"

„Die mußt du zu allererst loswerden, mein Kind! Deine Angst strömt auf den Kleinen über und nimmt ihm jede Chance, gesund zu werden!"

„Ich will ja gerne alles tun!"

„Dann glaube erst einmal an seine Genesung, Barbara! Und alles wird gut!"

„Du bist fest davon überzeugt, nicht wahr, Tante?"

„Ich weiß es! Und du – glaube!"

„Nur glauben?" zweifelte die junge Mutter.

„Auch wir werden unser Bestes tun! Aber vor allem ist es der Glaube, die Freude, die du in dir wachrufen mußt, damit du Stefan davon abgeben kannst."

„Ja, Tante Grete. Vielen, vielen Dank, daß wir zu

dir kommen durften!"

Barbara weinte.

„Komm, mein Kind! Für Tränen haben wir jetzt keine Zeit! Wir müssen einiges unternehmen, damit dein Stefan wieder auf die Beine kommt. Schon bald wird er mit Julchen im Garten herumtollen!"

„Das wäre zu schön, um wahr zu sein!"

„Nichts ist zu schön! – Es tut mir so leid, daß ich mich nicht früher um euch gekümmert habe. Aber ich war so sehr mit meinem eigenen Elend beschäftigt, daß für niemand und nichts Raum blieb. Ich schäme mich für dieses armselige Leben! Aber, Gott sei Dank, diese Zeiten sind vorbei!"

„Du bist tatsächlich nicht wiederzuerkennen, Tante Grete! Es ist, als ob man dich ausgetauscht hätte. Willst du mir dein Geheimnis nicht verraten?!"

„Alles zu seiner Zeit, mein Kind!" Tante Grete lachte.

Ihre Gelöstheit sprang auf Barbara über. Ein Hoffnungsschimmer stieg aus ihrem Inneren. Ein Lächeln erschien auf dem durchsichtigen Gesichtchen des Kleinen. Die junge Mutter drückte ihn liebevoll an sich.

Nach dieser Unterredung ging Barbara mit dem Kind in den Garten und setzte sich auf die Holzbank unter dem mächtigen Nußbaum.

Plötzlich kam es über sie. Barbara fühlte, wie sie von einer Schwingung oder Kraft erfaßt wurde. Lag sie in der Luft oder strömte dieses Etwas aus der Erde?? „Eigenartig", dachte Barbara. War es heiliger Boden, auf dem sie sich befand?! Und mit einemmal wußte auch sie mit unbedingter Sicherheit: Stefan wird leben! Ein Freudentaumel ergriff sie. Barbara riß den Kleinen an sich, herzte und küßte ihn und weinte vor Seligkeit und Glück.

In diesem Zustand fand sie Viktor Werthen.

„Waas?" staunte Barbara und wischte sich die Tränen fort. „Sie hier, Herr Werthen?! Solange ich denken kann, waren Sie und Tante Grete spinnefeind!"

Viktor Werthen lachte so plötzlich, daß ihm die Pfeife aus dem Mund fiel.

„Das war einmal. Es ist einiges geschehen in letzter Zeit, mein Kind!"

„Das kann man wohl sagen, Herr Werthen! Es ist einfach unglaublich! Ich kenne Tante Grete nicht wieder. Aber sie will mir ihr Geheimnis nicht verraten!"

„Sie werden schon noch alles rechtzeitig erfahren, Barbara. – Und wie ist es Ihnen so ergangen. Der Kleine ist nicht gesund, wie ich hörte!"

„Stefan macht mir große Sorgen. Aber Tante Grete meint, sie könnte ihm helfen. So habe ich es wenigstens verstanden."

„Das glaube ich auch, Barbara. Hören Sie auf, sich Sorgen zu machen! – Und was haben Sie sonst noch alles erlebt?"

Barbara seufzte ausgiebig!

„Erst ließ mich Stefans Vater mit dem Häuflein Elend allein zurück. Ich war gezwungen, meinen gutbezahlten Beruf als Sekretärin aufzugeben, um mein Kind selbst betreuen zu können. Also lernte ich nähen und machte Heimarbeit. Es war kein Vergnügen, das können Sie mir glauben, Herr Werthen. Als Tante Gretes Einladung kam, überlegte ich lange, ob ich annehmen sollte. Ich kannte sie ja aus meinen Kindertagen. Niemand hielt es lange bei ihr aus. Nun, Sie haben ja auch einiges mit ihr erlebt! Aber um des

Kindes willen habe ich mich dann doch entschlossen. Ich dachte, die Luftveränderung würde Stefan guttun."

„Es ist schön, daß Sie gekommen sind, Barbara!"

„Danke, Herr Werthen! – Als ich mit Stefan hier ankam, fand ich Tante Grete total verändert, nach innen und außen. Es ist ein Wunder! Was verwendet sie nur für teure Hautpräparate?"

Viktor lachte aus vollem Halse, aber diesmal griff er rasch nach der Pfeife.

„Teuer? Frischer Erdbeersaft mit etwas Milch verrührt, zwei Stunden auf Gesicht und Haut einwirken lassen. Sie können es selbst ausprobieren und werden über das Ergebnis erstaunt sein!"

„Ist das alles? Frischer Erdbeersaft und Milch!" staunte Barbara. – „Hier ist etwas am Werk, Herr Werthen! Ehe Sie kamen, fühlte ich, wie ich von einer – wohltuenden Welle erfaßt wurde. Ich kann es nicht anders beschreiben! Was geht hier nur vor sich?!"

„Das sind Segensschwingungen, mein Kind!"

„Was ist denn das?"

„Sie können es auch positive Schwingungen nennen!"

„Positive Schwingungen", wiederholte Barbara. „Sonst nichts?" Sie war enttäuscht.

„Es ist ungeheuer viel. Diese Schwingungen haben aus ihrer Katastrophentante beinahe einen Engel gemacht! Sie werden es noch erleben!"

„Trotzdem gibt es hier noch etwas!" beharrte Barbara. „Ich spüre es! Hier im Garten ist dies besonders stark. Darf ich es nicht wissen?"

„Alles zu seiner Zeit, Babsy! Zu viel Gutes auf einmal verträgt der Mensch nicht immer."

Grete Brack brannte vor Ungeduld. Sie wollte so rasch wie möglich mit der Behandlung beginnen. Deshalb schickte sie Julchen zu den Walderdbeerelfen um Rat. Diese verwiesen die Kleine an den Weißdornstrauch in Tantes Garten. Er war zur Zeit mit Blüten und Knospen geradezu übersät.

Viktor holte die lose Rinde vom Weißdornstrauch und Tante Grete bereitete nach dem Rezept der Elfen einen Absud, um den Kleinen darin zu baden. Jeden zweiten Tag flößte sie ihm auch noch eine Schale Weißdornblütentee ein.

Viktor holte Julchens Gitterbett vom Dachboden und stellte es in den Garten. Schon am ersten Nachmittag schlief Stefan tief und lange.

Nach acht Tagen zeigten sich bereits die ersten Anzeichen einer Besserung. Barbara war überglücklich.

„Wie ist das möglich?! Woher nehmt ihr beide nur das Wissen?!"

„Die Elfen haben dazu geraten", sagte Julchen, die eben dabeistand.

„Welche Elfen? Elfen gibt es hier auch?!"

„Du kannst dir gar nicht vorstellen, wie hübsch sie sind, Tante Barbara!" plauderte Julchen.

Barbara schwieg eine Weile. Ihr Gefühl, damals im Garten, hatte sie also nicht betrogen. Und – dieses Kind ist unfähig zu lügen, dachte sie.

Auch Barbaras Gesundheit war stark angegriffen. Kein Wunder nach all den leidvollen Jahren.

„Mache dir keine Sorgen", sagte Tante Grete, „wir kriegen auch dich wieder hin!"

„Wie soll ich euch nur danken?!" schluchzte Barbara.

Aber weder Viktor noch Tante Grete wollten Dank.
Sie wurden ohnehin tausendfach für ihre Mühe und
ihr Gutsein belohnt. Täglich erlebten sie das Gesetz
der Fülle: Je mehr Liebe sie bereit waren zu geben,
desto mehr empfingen sie.

Gemeinsam gingen alle hinaus in den Garten. Julchen schob ihre kleine Hand in die des Großvaters
und schaute liebevoll zu ihm auf.

„Du, unser Prinzeßchen! Erzähle, wie sehen deine
Elfen denn diesmal aus?"

„In ihren Krönchen leuchten rote und grüne Stein-
chen", erzählte Julchen. „Die Kleider schimmern silb-
rig, sind aber genauso duftig wie die der anderen
Elfen. Und es sind so viele! So viele, Großpapa! Der
ganze Baum ist voll! Wie sie tanzen und sich freuen!
Wenn du sie bloß sehen könntest!"

„Diesmal brauchst du ja nur in den Garten zu
gehen, um bei deinen Freunden zu sein!" meinte
Tante Grete.

„Julchen nützt diese Gelegenheit auch zur
Genüge", sagte Großpapa.

„Es muß wundervoll sein, ganz wundervoll",
träumte Barbara mit geschlossenen Augen, „ein großer blühender Weißdornstrauch voll tanzender
Elfen!"

Eine Weile hing jeder seinen eigenen Gedanken
nach. Dann fragte Viktor:

„Hast du dir auch alles gemerkt, was die Elfen
diesmal verordneten, Grete?"

„Habe ich. Zweimal wöchentlich ein Bad im Rin-
denabsud. Jeden zweiten Tag eine Tasse Weißdorntee,
löffelweise. Dazu unser Leben in Harmonie und
Freude."

„Du solltest auch diesen Tee trinken, Barbara",
sagte Julchen. „Beinahe hätte ich es vergessen! Die
Elfen haben es mir aufgetragen, es dir zu sagen."

„Tatsächlich?!" staunte Barbara.

„Zwei Prisen Weißdornblütentee pro Tasse. Davon
sollst du täglich trinken. Ganz langsam."

Sonntag.

Am Nachmittag ging Viktor, wie gewöhnlich, in
den Garten. Am Zaun standen ein paar Leute.
„Suchen Sie mich?" fragte er.

„Wir staunen über diese Blütenpracht!" sagte eine
Frau und zeigte auf die Unzahl von Märzenbechern,
Narzissen, Bluebells, Primeln und Tulpen. Die Wie-
senflächen waren übersät mit Gänseblümchen,
Löwenzahn und Wiesenschaumkraut.

„Diese Farben!" staunten die Zaungäste. „Welchen
Dünger verwenden Sie?"

Viktor ließ sich mit der Antwort Zeit. Er betrachtete eingehend die Blumenbeete. Die Farben waren
tatsächlich intensiver und die Blüten bedeutend größer als in anderen Blumengärten.

„Ich habe noch nie im Leben so große und leuchtende Märzenbecher gesehen", staunte ein Mann,
„obwohl ich mich viel mit Blumen beschäftige. Verraten Sie uns doch Ihr Rezept!"

„Nun gut", sagte Viktor, „auf die Gefahr hin, daß
sie uns für verrückt halten! Es ist ganz einfach: Wir
leben mit den Blumen! Sprechen mit ihnen! Auch
Blumen haben eine Seele!"

Verblüfft schauten sich die Menschen am Gartenzaun an. Einer ging. Die anderen folgten, ohne ein
weiteres Wort zu verlieren. Nur eine Frau, der diese

Pracht zuerst aufgefallen war, blieb zurück.

„Auch Blumen danken für eine gute Behandlung. Ich glaube es Ihnen gerne. Der Beweis ist nicht zu übersehen. – Ob mir Frau Brack im Herbst wohl ein paar Zwiebeln verkauft?"

„Wir werden Ihnen die Zwiebeln und Ableger gerne schenken", sagte Viktor Werthen und verabschiedete sich.

Barbara kam mit Stefan auf dem Arm. Julchen gesellte sich zu ihnen. Gemeinsam gingen sie ins Haus zurück.

Der Vier-Uhr-Tee war im Hause Brack seit Monaten zur festen Gewohnheit geworden. Keiner wollte sie mehr missen. Jeder trug sein Teil dazu bei. Tante Grete bereitete Tee und schnitt den Kuchen. Manchmal gab es auch belegte Brote. Barbara deckte den Tisch. Julchen zündete die Kerze an. Großpapa stopfte sein Pfeifchen. Sie plauderten miteinander und berichteten über die Erlebnisse des Tages. Es wurde seit neuem auch viel gelesen im Hause Brack und darüber diskutiert. Diesmal aber berichtete Viktor über die Gespräche am Gartenzaun.

Der kleine Stefan gedieh zusehends. Er hatte nicht nur an Gewicht zugenommen, er schlief auch die Nächte durch und sein Appetit wuchs täglich. Die junge Mutter war unendlich dankbar und glücklich.

Eine Sorge jedoch quälte Barbara. Noch behielt sie diese in ihrem Herzen verschlossen. Was sollte werden, wenn die wundervolle Zeit hier zu Ende war?! Barbara wollte der Tante nicht allzulange auf der Tasche liegen. Der Gedanke an Abschied machte sie schon jetzt sehr traurig.

Als jedoch der Herbst ins Land zog, wohnten Barbara und Stefan noch immer bei Tante Grete. Der Kleine war nicht wieder zu erkennen. Er tollte mit Julchen im Garten herum, lauschte ihren Geschichten, spielte stundenlang im Sandkasten, saß auf der Schaukel und sah so gesund und kräftig aus, als hätte ihm nie etwas gefehlt.

Grete Brack besaß in der nahen Stadt noch ein Haus. Die Pächter waren eben dabei auszuziehen, um eine eigene Boutique aufzumachen.

„Das wäre doch etwas für dich, Barbara!" schlug Tante Grete vor. „Die Boutique könnte ohne Unterbrechung weitergeführt werden. Du hast die Handelsschule und verstehst auch etwas vom Nähen! Was meinst du?"

Barbara meinte gar nichts. Sie war schlicht und einfach sprachlos. Eine Boutique! Der Traum ihres Lebens! Das gab's doch gar nicht!

„Würde es dir Freude machen, Babsy? Du sagst ja gar nichts!"

„Tante Grete! Ich könnte mir nichts Schöneres denken! Aber..."

„Aber?"

„Ich habe kein Startkapital!"

„Das soll nicht deine Sorge sein, Babsy", sagte Viktor. Die beiden duzten sich seit langem.

„Stefan kannst du mitnehmen oder bei uns lassen. Im ersten Stock des Gebäudes befindet sich eine kleine nette Wohnung. Sie gehört dir. Ihr könnt aber auch täglich fahren und bei uns wohnen. Oder nur übers Wochenende. Wie du es gerne möchtest."

„Ich bin völlig verwirrt", gestand Barbara, schlug die Hände vors Gesicht und weinte vor Freude. „Ich kann es nicht fassen!"

„Du bist meine einzige Verwandte. In den vergangenen Jahren habe ich dich im Stich gelassen. Ich muß eine ganze Menge nachholen und gutmachen. – Außerdem läuft die Boutique nicht schlecht. Und wenn du mit Freude arbeitest, bleibt der Gewinn nicht aus."

Nun heulte Barbara erst richtig los.

„Hör auf!" sagte Viktor. „Ich habe auch eine Neuigkeit!"

Er ging hinaus und kam mit einer Riesenkartoffel zurück. „Wiegt ein Kilo!"

„Ooooh!" staunte die Runde und Barbaras Tränen versiegten.

Dann ging er noch einmal und brachte einen Kohlkopf.

„Fünf Kilo!" strahlte er.

„Hier gibt es nur noch Wunder!" sagte Barbara ergriffen. „Aber ich habe auch eine Neuigkeit: Ich möchte in Zukunft so leben wir ihr, genauso denken, genauso handeln. Es ist ein wunderbares Leben, das ich erfahren durfte. Mein Kind und ich haben hier nicht nur die Gesundheit, sondern auch wahres Glück gefunden. – Und jetzt noch dazu die Boutique!"

„Was haben wir nun wirklich getan?" fragte Tante Grete. „Im Grunde sind wir die Beschenkten!"

„So ist es!" bestätigte Viktor feierlich.

An diesem Abend saßen Viktor Werthen und Grete Brack noch lange zusammen und hielten Rückschau. Es war ein wundervolles Jahr gewesen! Das schönste ihres Lebens!

„Sogar meine Zähne haben aufgehört zu wackeln!"

Viktor lachte. „Auch ich fühle mich frisch wie der

Fisch im Wasser! Das macht die Freude, die wir
täglich erleben", sagte er, „mit den Kindern, dem
Garten, mit unserem neuen Leben! Nicht um alle
Schätze der Welt möchte ich es je wieder missen!"

Grete Brack nickte.

„Bald hätte ich es vergessen", sagte Viktor und
stand auf. Er ging zum Schrank und kam mit einer
Schachtel voll Geld zurück.

„Täglich kommen Leute, die Samen und Zwiebeln
aus unserem Garten haben wollen. Ich verlange ja
nichts. Aber sie lassen es sich nicht nehmen. – Was
machen wir mit dem Geld, Grete?"

„Schenk es dem Tierheim, Viktor!"

„Gute Idee!"

Die Schneeflockenelfen

Leider kann man Schneeflocken nicht aufheben. Kaum
berührst Du sie, werden sie zu Wasser. Schneeflocken sind näm-
lich gefrorenes Wasser. Sie kommen als fester Niederschlag aus
den Wolken. Du kannst viele verschiedene Formen beobachten.
Da gibt es Plättchen, Sterne, Nadeln oder Prismen. Kleine ver-
zweigte Eiskristalle die sich zu vielen verschiedenen Formen
zusammenlagern und miteinander eine Schneeflocke ergeben.
Schau einmal ganz genau hin. Du wirst feststellen, daß jedes
dieser Eiskristalle sechseckig ist. Sechseckige Sternchen, sechs-
eckige Plättchen...

SCHNEEFLOCKEN

Reili

Der Winter war ins Land gezogen. Die Menschen hüllten sich in warme Kleider. Kinder preßten ihre Näschen an die Fensterscheiben und schauten dem lustigen Treiben der Schneeflocken zu. Dann wieder fuhren sie Schlitten, bauten Schneemänner oder liefen auf dem Dorfteich eis.

Julchen war eben dabei, dem Schneemann eine rote Rübennase zu verpassen, während ihm Stefan zwei Kohlenaugen ins Schneegesicht preßte. Großpapas alter Hut und Tante Gretes Gartenbesen vervollständigten den weißen Mann.

Dann liefen die Kinder ins Wohnzimmer, zogen trockene Kleider an und hängten die nassen in die Nähe des Kachelofens über die Stuhllehnen. Tante Grete brachte Kuchen und Kakao. Julchens und Stefans Hunger war riesig. Ihre roten Backen glühten, als hätte jemand eine Laterne dahinter angezündet. Die Tante betrachtete die beiden eine Weile mit inniger Freude und Dankbarkeit.

„Sieh nur, Viktor", sagte sie dann, „wie gesund und glücklich die Kinder aussehen!"

Großpapa saß im Fauteuil. Er nickte. Schmauchte genüßlich sein Pfeifchen. Auch sein Gesicht strahlte die innere Ausgeglichenheit und Zufriedenheit wider.

Inzwischen hatte es angefangen in großen Flocken zu schneien. Immer dichter wurde der Schneewirbel. Die Kinder saßen nun nahe am Fenster, um besser beobachten zu können.

„Da sind sie! Da sind sie! Seht nur! Sie sind wieder da!" rief Julchen.

Grete Brack erschrak.

„Wer ist da?"

„Die Elfen! Tante Grete, die Elfen! Großpapa, sieh nur!"

Nun standen sie alle am Fenster und beobachteten das Schneetreiben. Und obwohl außer Julchen die Elfen niemand sehen konnte, glaubten sie ihr.

Viktor und Grete sahen sich verständnisvoll an.

„Es hätte mich gewundert", sagte der Großvater schließlich, „wenn die Kleine den ganzen Winter ohne Elfen ausgekommen wäre."

„Es sind die Schneeflockenelfen", erzählte Julchen. „Ihr könnt euch nicht vorstellen, wie schön sie sind! Sie tragen leuchtende Pelzmützen und ihre Kleidchen glitzern wie Kristall. Oh, sie sind wirklich wunderschön!"

Julchen streckte die Arme nach den Elfen aus. Aber da war das Fenster, und sie konnte die kleinen leuchtenden Wesen nicht erhaschen. Auch die Elfen hatten Julchen entdeckt. Wie könnte es anders sein! Sie flogen ganz nahe heran, winkten und schaukelten im Eiswind.

Stefan machte ein trauriges Gesicht. Er konnte die Kristallpüppchen nicht sehen. Aber Julchen beschrieb sie ihm so eingehend, daß er sie vor sich sah, wenn er die Augen schloß. Stefan glaubte Julchen uneingeschränkt. Schließlich hatten ihn die Weißdornelfen gesund gemacht.

Die Boutique in der nahe gelegenen Stadt lief zur vollen Zufriedenheit. Barbara sprudelte über vor Energie. Sie entwarf Modelle und stellte eine Schneiderin ein, um ihre Muster in tragbare Kleider umzusetzen. Barbara war längst imstande, ihre Pacht zu zahlen und nach Tantes Wunsch für Stefan anzulegen. Die Welt war einfach nicht mehr dieselbe wie vor

einem Jahr. Der Erfolg, die wieder gewonnene
Freude am Leben, die Gesundheit ihres Kindes und
ihre eigene waren Resultate positiven Denkens. Barbara wußte nun, daß sich tatsächlich jeder Mensch
sein eigenes Glück oder Unglück baut, als Folge seiner Gedanken und Gefühle. Niemand kann uns zwingen, Böses zu denken, Ärger, Krankheitsgefühle und
Unzufriedenheit zu hätscheln, zu umkreisen und sie
dadurch in unser Leben zu ziehen. Jeder ist seines
eigenen Glückes Schmied! Ein wahres Wort! Eigentlich gibt es nur ein Unglück auf Erden, nämlich ohne
Liebe und Freude zu leben. Wer liebt und sich freut,
ist gar nicht imstande, negativ zu denken. Wie einfach
im Grunde alles ist! Die junge Frau nahm sich vor,
ihren Sohn schon jetzt zum positiven Denker zu erzie-
hen. „Dadurch werde ich meinem Kind den größten
Schatz auf den Lebensweg mitgeben, den eine Mutter
zu geben vermag", sinnierte sie.

„Ich danke DIR, lieber GOTT", sagte Barbara und
faltete die Hände, „daß ich eine Wissende werden
durfte! Schenke diese Gnade der ganzen Menschheit!
Nur dann werden wir ohne Haß und ohne Kriege zu
leben imstande sein."

Es war an einem Sonntagnachmittag. Der Kachel-
ofen strahlte eine behagliche Wärme aus. Stefan hatte
inzwischen sein Zeichentalent entdeckt. Unter Julchens Anleitung versuchte er die Schneeflockenelfen
mit Pastellstiften aufs Papier zu bannen.

Aber Julchen schüttelte immer wieder den Kopf.

„Deine Elfen sind zu schwer! Sie müssen funkeln,
leuchten!"

Großpapa half:

„Spiegelt sich etwa der Himmel in ihnen, mein Kind?"

„Ja. Ein ganz zartes Blau! Aber das kristallene Strahlen wird dadurch nicht verdeckt. Alles ist so zart, so durchsichtig, so leuchtend!"

Stefan legte seinen Stift beiseite.

„Das kann ich nicht!" sagte er verdrossen.

„Du wirst schon noch dahinterkommen", tröstete Tante Grete.

„Ganz bestimmt", bekräftigte der Großpapa.

„Ich glaube es auch", sagte Julchen.

Dann wechselte Viktor das Thema.

„Nächsten Frühling schaffen wir den Garten nicht mehr allein. Ich meine all die Samen, Knollen, die wir im Herbst gebraucht hätten! Unser Gartenwunder ging wie ein Lauffeuer durch die Gegend."

„Stellt euch vor", erzählte Barbara, „sogar ins Geschäft kamen Menschen, die nur kaufen wollten, wenn ich ihnen Samen aus eurem Garten verschaffe."

Tante Grete machte ein feierliches Gesicht.

„Lieber Gott", sagte sie ergriffen, „wir danken dir für all das Schöne und Wunderbare, welches in den vergangenen Monaten unser Leben so von Grund auf geändert und so reich gemacht hat!"

Und dann war da noch Frau Anna Bergen. Jene Dame, der zuerst die Tiefe der Farben und die besondere Größe der Blumen aufgefallen war.

Frau Bergen hatte in den vergangenen Jahren unter ihrer Einsamkeit schwer gelitten. So schwer, daß der Körper auf die seelische Not mit Krankheit reagierte. Langsam und behutsam war sie von Frau Brack in die Lehre des positiven Denkens eingeführt worden. Erst wollte sie nicht so recht daran glauben. Aber die

Erfolge, die da im Hause Brack so handgreiflich waren, überzeugten sie schließlich. Nun gehörte auch Frau Anna Bergen zu dem kleinen glücklichen Kreis.

Es ist nun mal eine Tatsache: Je mehr ein Mensch zu geben bereit ist, um so mehr bekommt er zurück. Sind wir hellhörig genug, können wir dieses Geistesgesetz überall in der Welt beobachten. Zur Zeit wirkte es augenscheinlich im Hause Brack.

Man hatte versucht, Frau Bergens Einsamkeit zu lindern, sie glücklicher zu machen. Daraufhin entdeckte Frau Bergen ihre geschickten Hände und begann für Barbaras Boutique die herrlichsten Sachen zu basteln. Es entstanden Buchhüllen, Seidenblumen, Gewürzsträußchen, Puppen und Püppchen und noch vieles mehr. Frau Bergen arbeitete an diesen Köstlichkeiten mit solcher Freude, daß ihr darüber weder Zeit noch Lust blieb, weiter an Einsamkeit und Krankheit zu denken. Ihre Arbeiten waren so gefragt, daß ihr Barbara eine Hilfe schicken mußte, obwohl sich Frau Bergen die Finger wund bastelte.

Weihnachten rückte immer näher. Alle im Hause Brack hatten die Hände voll zu tun. Tante Grete verbrachte die meiste Zeit in der Küche. Im ganzen Haus duftete es nach Keksen, Nüssen und Schokolade. Großvater hämmerte hinter verschlossener Tür in seiner Werkstatt, die er sich im Hause Brack eingerichtet hatte. Das Geheimnisvolle steigerte die Erwartung. Und das nicht nur bei den Kindern.

Auch in Barbaras Boutique wuchs der Weihnachtsrummel von einem Tag zum anderen. Trotzdem nahm man sich wenigstens an den Wochenenden Zeit für die gemeinsame Tee- und Plauderstunde. Da wurden Erfahrungen ausgetauscht und neue Ziele gesetzt.

54

Über dies und jenes diskutiert. Auch der Humor kam nie zu kurz. Jeder fühlte sich wohl, zufrieden, glücklich und frei.

Und sonderbar! Seit gutes Denken zu einem Bestandteil ihres Lebens geworden war, fehlte es auch nicht mehr an Materiellem. Die Zeiten waren endgültig vorbei, wo Tante Grete jeden Schilling fünfmal umdrehte, ehe sie ihn ausgab. Viktor ging es ebenso. Seine Spielzeugsachen fanden in der Boutique großen Anklang.

Manchmal, wenn Viktor in seinem Bett lag und über das vergangene Jahr nachdachte, erfüllte sein Inneres ein unbeschreibliches Glück. Er dankte Gott aus vollem Herzen, wohl wissend, daß auch Dankbarkeit neue Segnungen in sein und das Leben jener Menschen brachte, die er so sehr zu lieben gelernt hatte.

Eines Tages kam Barbara mit einem jungen Mann nach Hause. Sie habe ihn vor wenigen Wochen kennengelernt, erzählte sie.

Tante Grete und Viktor freuten sich mit Barbara. Als aber die kleine Gemeinschaft beim Abendessen saß, lag da etwas Störendes in der Luft, das jeder fühlte. Erst versuchte man dieses Unbehagen abzuschütteln, aber es ging nicht, obwohl Barbaras Bekannter den besten Eindruck machte. Als er sich vorzeitig verabschiedete, atmeten alle erleichtert auf.

„Unsere Schwingungen passen mit den seinen nicht zusammen", sagte Tante Grete. „Ich glaube, Barbara, er meint es nicht ehrlich!"

Barbara wollte es nicht wahrhaben.

„Es gibt viele Männer!" tröstete Viktor. „Eines Tages kommt der richtige ganz bestimmt!"

Dann nahm der Großvater seine Enkelin beiseite und ging mit ihr ans Fenster.

„Sag mal, Kleines, siehst du deine Schneeflocken-elfen?"

„Da kommen sie!" jauchzte Julchen.

„Leise!" bat der Großvater. „Dieser Mann an Tante Barbaras Seite gefällt mir nicht! Frage deine Freunde, bitte!"

Julchen tat es und die Elfen gaben Auskunft.

„Er ist ein Tagdieb! Dieser Mann will Barbaras Freundschaft nur wegen des gutgehenden Geschäftes für sich gewinnen. Er lebt von leichtgläubigen Frauen."

„Was soll Tante Barbara da wohl machen?" fragte Julchen bekümmert.

„Sie muß ihn wegschicken, falls er wiederkommt", rieten die Elfen. „Es wird ein anderer Mann in Bar-baras Leben treten. Schon sehr bald. Ihr werdet ihn alle mögen. Barbara ist er nicht unbekannt. Er hat zwar Fehler gemacht, die er aber zutiefst bereut. Im Grunde ist er ein guter Mensch."

Dann kehrten Großpapa und Enkelin an den Tisch zurück und berichteten.

Barbara lächelte. Ein Mann, den sie kennt?! Es wollte ihr keiner einfallen. Sie konnte mit Julchens Botschaft nichts anfangen. „Das Kind fängt an zu fantasieren", dachte sie.

Der Weihnachtsabend stand vor der Tür. Barbara hatte alle Hände voll zu tun. Es blieb keine Zeit, dem jungen Mann nachzutrauern. Er wäre wieder gekom-men. Hatte ständig angerufen. Aber Barbara blieb fest. Tief in ihrem Herzen glaubte sie an Julchens

Botschaft. Auch wenn der Verstand sie ablehnte.

Eines Tages erzählte eine junge Frau in der Boutique, daß ein gewisser Herr Heinrich Span versucht hatte, ihr das Geld mit allen möglichen Tricks aus der Nase zu ziehen. Als dann ein wertvolles Armband fehlte, war sie zur Polizei gegangen. Der Mann hatte bereits gestanden.

Barbara wurde übel. Nun wußte sie, daß die Elfen die Wahrheit gesprochen hatten.

Stefan und Julchen konnten die Spannung kaum noch ertragen. Sie zählten die Stunden bis zur Ankunft des Christkindes.

Grete Brack weinte vor Freude, als Barbara und Stefan so gelöst und glücklich aussahen. Natürlich mußten Viktor und Julchen den Weihnachtsabend mit ihrer Familie verbringen. Aber die Feiertage würden sie alle zusammensein, denn Julchens Eltern wollten in die Berge.

Und dann kam doch noch alles anders. Herr und Frau Werthen merkten wohl, daß sich nicht nur Großpapa, sondern auch Julchen nach denen im Hause Brack sehnte. Also machte sich Herr Werthen auf, um mit Grete Brack zu sprechen.

„Entschuldigen Sie", sagte er etwas verlegen, „aber Julchen und . . . "

Frau Brack wußte Bescheid.

„Auch wir vermissen die beiden heute abend. Es würde uns freuen, wenn auch Sie und Ihre Frau kommen könnten."

Dann führte Frau Brack Julchens Vater ins Wohnzimmer.

„Würde es Ihnen wirklich nichts ausmachen, die beiden am Weihnachtsabend bei Ihnen aufzunehmen?"

„Ausmachen? Es wäre uns allen die größte
Freude!"

„Ich habe nämlich eine kranke Schwiegermutter",
sagte Herr Werthen. Sie wohnt bei meinem Schwager.
Aber es wäre trotzdem wunderbar, wenn meine Frau
und ich den Weihnachtsabend mit ihr verbringen
könnten. Später möchten wir dann in die Berge."

„Sie können ohne Sorge sofort aufbrechen, Herr
Werthen", sagte Frau Brack. „Den beiden wird es hier
an nichts fehlen."

„Davon bin ich überzeugt. Wir danken Ihnen – für
alles!"

Endlich saßen sie alle in Glückseligkeit zusammen.
Tante Grete zündete die Kerzen am Christbaum an
und Großpapa las das Weihnachtsevangelium. Jeder
wünschte jedem ein frohes Fest. Dann kamen die
Päckchen an die Reihe. Die Oh-Rufe wollten kein
Ende nehmen.

Frau Bergen hatte ihre Mischlingshündin aus dem
Tierheim mitgebracht. Kater Pezi fauchte ganz
unweihnachtlich. Dann fraß er sich voll und ent-
schwand.

Als die Geschenke genug bewundert waren, trug
Tante Grete allerlei Köstlichkeiten auf. Es schmeckte
vorzüglich. Mitten im fröhlichen Geplauder stieß Barbara einen Schrei aus. In der Tür stand ein Mann, der
Gruß und Entschuldigung murmelte und seine Pelz-
mütze verlegen in den Händen drehte.

„Werner!"

„Du kennst den Mann?!" staunte Tante Grete.

Barbara nickte, stand auf und riß Stefan an sich.

„Ist – er – ist er das?!" fragte der Mann.

Barbara gab keine Antwort. Aber man sah ihr die Erregung an.

„Ich war ein Schuft! Habe euch verlassen! Im Elend zurückgelassen!"

Seine Stimme war warm und weich, traurig und bittend zugleich. Auch schwang eine leise Hoffnung mit.

„Glaube mir, Barbara", fuhr er fort, „ich fand keine ruhige Minute. Das Gewissen hat mich gepeinigt. Ich war Jahre im Ausland. Natürlich kann ich dich verstehen, Barbara! Du wirst mich zurückweisen, und ich habe es nicht anders verdient. Du solltest nur wissen, daß es mir unendlich leid tut. Erlaube mir wenigstens, euch mit Geld zu versorgen. Es soll euch an nichts mehr fehlen. Ich habe inzwischen meinen Ingenieur gemacht und verdiene gut."

„Geld!" rief Barbara verächtlich. „Wir brauchen kein Geld! Geld haben wir selbst! Heute! Damals hätten wir beides gebraucht: Liebe und Geld. Aber du..."

„Ich war so feige, so – jung!"

„Gib ihm eine Chance, mein Kind!" sagte Tante Grete. „Jeder Mensch macht Fehler. Niemand weiß das besser als ich. Du hast so viel Glück gehabt in letzter Zeit. Laß andere daran teilhaben. Haßgefühle und Rachegedanken würden dein und Stefans Leben und Glück zerstören. Ich möchte deinen Entschluß in keiner Weise beeinflussen. Es ist nur ein gut gemeinter Rat."

„Ich weiß, daß du es gut meinst, Tante Grete. Aber es kam alles so überraschend. Und noch dazu am Heiligen Abend."

„Das war schon wieder ein grober Fehler von mir",

sagte Werner, der noch immer an der Tür stand. „Ich hätte wenigstens bis nächste Woche warten sollen."

„Lassen Sie Barbara ein wenig Zeit", riet Viktor.

Werner nickte verständnisvoll. Er nestelte eine Visitenkarte aus seiner Rocktasche und reichte sie dem Großvater. Dann ging er.

„Ingenieur Werner Reichl", las Viktor.

„Mutti, wer war der Mann?" fragte Stefan und löste sich aus Barbaras festem Griff.

„Mutti, wer war er?!" wiederholte der Kleine seine Frage.

„Dein Vater, mein Kind!"

„Warum tut ihr denn alle so erstaunt?!" sagte Julchen. „Haben die Elfen den Mann nicht vorausgesagt?"

„Natürlich, Prinzeßchen, natürlich!"

Die Fliederelfen

In einem türkischen Garten in der Stadt Konstantinopel hat ein Europäer vor fast genau 350 Jahren den Flieder für uns entdeckt. Flieder blüht verschwenderisch und duftet so gut, daß er die Bienen von weither anlockt. Auch die Menschenkinder halten ihre Nasen gern in einen Fliederstrauß. Fliederparfum ist besonders beliebt. Aber nicht das einzige, was man aus dem Strauch herstellen kann.

Russische Naturheilkundige machen ein Fliederöl, das schmerzlindernd wirken soll. So etwas ist aber schwierig zu machen. Brau Dir deshalb ein kleines Duftfläschchen für Deinen Kasten.

DUFTÖL

Übergieße eine Handvoll Fliederblüten mit einem geruchlosen Öl. Die Blüten sollen vom Öl gerade bedeckt sein. Stelle dieses Gemisch 14 Tage in die pralle Sonne. Dann presse die Flüssigkeit durch ein Leinentuch. Füll das duftende Öl in kleine Gefäße und stell es in Deinen Kleiderschrank.

62

FLIEDER

Emsiges Treiben im Hause Brack. Man rüstete für Barbaras Hochzeit.

Frau Bergen nähte das Brautkleid. Sie kannte sich aus auf diesem Gebiet. Auch Julchen wurde selbstverständlich neu eingekleidet.

Es war sechs Wochen vor dem Hochzeitstermin, als Ingenieur Werner Reichl ganz plötzlich unter einem ständigen Schluckauf zu leiden begann. Er versuchte es mit Atemübungen, Arztbesuchen, Teetrinken und Autogenem Training. Nichts half. Barbara und Werner würden zum Gespött der Leute, wenn sie vor dem Altar stünden und Werner nicht imstande war, seinen Schluckauf zu unterdrücken.

An einem Sonntagnachmittag traf man sich wieder einmal im Hause Brack. Nur Werner fehlte.

„Wir müssen die Hochzeit verschieben", sagte Barbara, „wenn Werner von diesem verflixten Schluckauf nicht loskommt. Es ist furchtbar. Er hat schon fünf Kilo abgenommen. Kein Wunder, er schläft kaum!"

Barbara weinte leise vor sich hin.

Viktor zog die Stirne kraus und nahm sein Pfeifchen aus dem Mund.

„Ich weiß, was du sagen willst, Barbara! Auch wenn du es nicht aussprichts. Du möchtest, daß Julchen ihre Elfen befragt. Aber dein Werner glaubt nicht daran! Deshalb muß er wahrscheinlich seinen Schluckauf behalten! Sag ihm das!"

„Aber das habe ich doch schon getan! So ein dummes Mannsbild! Er hat eben noch nichts erlebt in dieser Richtung! Das müßt ihr verstehen!"

„Dann wird es Zeit!" meinte Viktor. Er nahm Julchen an der Hand und ging mit ihr vor das Haus. „Sag mal, Kleines..."

„Ich weiß schon, Großpapa! Jetzt blüht gerade der Flieder so schön. Ich werde die Fliederelfen um Rat fragen."

Julchen riß sich los und lief zum violetten Fliederstrauch in Tantes Garten. Sie klatschte in die Hände und jauchzte, als sie die Elfen schon erwarteten.

Diesmal trugen sie weiße Kleidchen mit violettem Schimmer und einen Haarreif aus Tau, in welchem sich ebenfalls die violette Farbe spiegelte.

„Wie schön ihr seid! Wie wunderschön!" rief Julchen außer sich vor Freude.

Ein Elflein schwebte auf Julchens ausgestreckten Arm.

„Könnt ihr Onkel Werner helfen?" fragte Julchen. „Er hat einen schrecklichen Schluckauf. Es ist ganz furchtbar!"

Die Elfen im Fliederbusch drehten und wiegten sich im Tanz. Es war wunderbar, ihnen zuzusehen. Das kleine Piepsstimmchen auf Julchens Arm riß das Mädchen aus ihrer Verzückung.

„Deinem Onkel kann nur geholfen werden, wenn er endlich aufhört, sich selbst zu quälen."

Julchen erschrak.

„Wie meinst du das?"

„Er macht sich ständig Vorwürfe, weil er Barbara mit dem Kind im Elend zurückließ. Aber Werner will gutmachen und das allein zählt. Barbara ist durch das Leid reifer geworden. Sie hat dazugelernt. Und vor allem hat sie Werner verziehen. Wenn er aber nicht aufhört, sich zu quälen, wird beider Glück nicht von Dauer sein. Sag ihnen das, Prinzeßchen."

„Das will ich gerne tun, liebes Elflein. Ich verstehe zwar nicht alles, was du mir da sagst, aber ich werde es ausrichten. Was soll Onkel Werner noch tun gegen seinen Schluckauf?"

„Wenn er aufgehört hat..."

„Oh, bitte wartet! Ich hole Großpapa!"

„Da bin ich!" sagte der Großvater und lachte. „Ich dachte schon, daß du mich brauchst, Julchen. Also was sagen unsere Freunde?"

„Onkel Werner muß aufhören, sich Vorwürfe zu machen!"

„Aha. Das ist die Wurzel des Übels. Und dann, Prinzeßchen?"

Nun, Julchen erhielt von den Fliederelfen folgendes Rezept: Eine Handvoll getrockneter Blüten mit einem Liter kochendem Wasser übergießen und einige Minuten ziehen lassen. Davon täglich drei Tassen trinken. Ferner: Eine große Handvoll getrockneter Blüten in einem Liter Olivenöl ansetzen und das Gefäß in die Sonne stellen. Dann sieben und den Saft mit einer Kompresse auf den Magen legen.

Als Großpapa mit seiner Enkelin in Tante Gretes Wohnzimmer kam, war auch Werner da. Er sah wahrhaftig bedauernswert aus. Und immerzu dieser Schluckauf.

Großpapa berichtete.

Werner zuckte zwar ungläubig die Schultern, aber im Grunde war ihm alles recht. Als ihn Viktor beiseite nahm und ihm anvertraute, daß er nur geheilt werden könne, wenn er seine Selbstquälereien aufgab, wurde Werner doch nachdenklich. „Warum eigentlich nicht", dachte er, „warum sollte es diese Elfen nicht tatsächlich geben?! Es gibt so vieles, was man weder sehen noch greifen kann und doch ist es da."

Viktor erriet seine Gedanken.

„Du siehst auch den Wind nicht", sagte er, „und doch spürst du ihn auf deiner Haut."

„Es ist wahr, Viktor! Da – hick ist so – hick – vieles – hick – was wir mit unserem – hick – Verstand nicht – hick – erfassen – hick – können. Wir müßten tatsächlich – hick – viel – hick – mehr Glauben – hick – haben."

Onkel Werner ging zu Julchen an den Tisch. Er nahm liebevoll ihre Hand in seine und sagte: „Ich danke dir, Prin – hick – zeßchen – hick – laß deine Elfen – hick – schön grüßen! Ich – hick – werde – ihren – hick – Rat befol – hick – gen!"

Julchen freute sich.

Barbara strahlte.

Alles in allem, es wurde noch ein wunderbarer Nachmittag trotz Werners Schluckauf.

Werners Fliederkur wurde ein voller Erfolg. Er nahm auch wieder zu an Gewicht und seine Dankbarkeit kannte keine Grenzen.

„Gottes Welt ist voller Wunder!" bekannte er.

Eines Tages, es war kurz vor der Hochzeit, nahm er Julchen beiseite und sagte: „Hör mal, Prinzeßchen, der Rat deiner Elfen hat mich gesund gemacht. Ich möchte irgend etwas Gutes tun. Etwas Sinnvolles, verstehst du?"

„Ja, Onkel Werner! Möchtest du, daß ich die Fliederelfen frage?"

„Genau das, Julchen. Weißt du, ich könnte natürlich eine Spende für einen guten Zweck überweisen, aber..."

Julchen hörte gar nicht mehr zu. Sie war schon auf dem Weg zum Fliederbusch.

„Onkel Werner möchte etwas Gutes tun!" sagte sie.

Die Elfen tanzten – wie immer – zur Ehre Gottes.

„Komm näher, Prinzeßchen!"

Julchen hielt ihr Gesichtchen in den Fliederbusch. Da summten ein paar Bienen. Natürlich würde keine Julchen etwas zuleide tun!

„Wenn ich doch auch so tanzen könnte!" Julchen seufzte.

„In der Nähe von Tante Barbaras Geschäft wohnt Frau Tanja Marken", sagte ein Elflein. „Sie ist Ballettlehrerin. Onkel Werner soll dafür sorgen, daß du Unterricht bekommst!"

„Ballett?! Himmel, ich soll Ballett lernen?"

„Ja, Prinzeßchen! Es wird dir viel Freude machen, aber auch manche Mühe, denn du hast einen grobstofflichen Körper. Wir hingegen bestehen aus Licht. Uns macht tanzen keinerlei Schwierigkeiten. Wir brauchen es auch nicht zu lernen. Aber bei euch Menschenkindern ist es nun mal so."

„Ich verstehe!" sagte Julchen.

„Und wenn du tanzt, Prinzeßchen, sollst du es nur zur Ehre Gottes und aus reiner Freude tun und nicht, um den Menschen zu gefallen."

„Ich verspreche es!"

Barbara war die schönste Braut, die es je gegeben hatte! Nicht einmal Prinzessin Di war so schön an ihrem Hochzeitstag. Sogar dem Bräutigam verschlug es die Sprache, als er Barbara und ihr Brautjüngferchen Julia so ganz in duftigem Weiß kommen sah. Im Haar trugen beide zart violette Blüten aus feinster Seide. Sie waren mit großer Liebe und viel Geschick von Frau Bergen angefertigt worden. Werner und Söhnchen Stefan erschienen in blauen Anzügen, blütenweißen Hemden und zart violetten Krawatten.

68

Und erst der Großpapa! Julchen konnte es nicht fassen, wie vornehm der Großvater aussehen konnte. Ein graublauer Nadelstreifenanzug! Aber jeder merkte, daß Großpapa sich in Arbeitskleidern bedeutend wohler fühlte. Nun, und Tante Grete war auch nicht ohne! Sie trug ein weinrotes Seiden-Jerseykleid aus Barbaras Boutique. Der dazu passende Hut war ganz einfach eine Wucht. Von hinten sah Tante Grete aus wie die Königin von Schweden. Aber nur von hinten!

Es wurde ein wirklich schönes Fest! Trotzdem waren alle Beteiligten froh, als schließlich wieder Ruhe einkehrte. Barbara fuhr mit ihrem Mann in die Flitterwochen. Frau Anne Bergen vertrat sie im Geschäft. Sie kannte sich inzwischen bestens aus. Ihr kleiner Mischlingshund wurde der Liebling so mancher Kundschaft. Wenn Frauchen ein Paket richtete und es der Dame überreichte, wedelte das Tier jedesmal mit dem Schwanz, als ob die Rettung der Welt davon abhinge. Es machte Männchen und brachte ein kleines Geschenk, das Frau Bergen für solche Zwecke bereit hielt.

Anna Bergen war eine andere geworden. Und das nicht nur innerlich. Als sie damals am Gartenzaun die Blumen in Tante Gretes Garten bewundert hatte, war sie eine unglückliche Frau, die in der Menge unterging. Heute hatte Frau Bergen nicht nur ein selbstbewußtes Auftreten, sondern auch ein inneres Leuchten, das nach außen strahlt und sie schön und anziehend machte.

Julias Eltern waren mit den Ballettstunden einverstanden. Den ersten Unterricht erhielt die Kleine in

Tanjas Wohnung. Als aber auch Stefan unbedingt
tanzen wollte, kam die Lehrerin in Tante Gretes
Haus. Die Kinder entwickelten einen derartigen
Eifer, daß Frau Tanja ihre helle Freude daran hatte.

Im übrigen nahm das Leben wieder seinen gewohnten Lauf. Von Barbara und Werner flatterten
Ansichtskarten von da und dort herein.

Tante Grete und Viktor waren mit ihrem Garten
vollauf beschäftigt. Manchmal half Julchens Mutti.
„Zum Ausgleich", wie sie sagte. Aber in Wirklichkeit
litt Frau Werthen seit Monaten an hartnäckiger
Schlaflosigkeit und an Angstzuständen.

Wie ihr geholfen wurde, erzählt die nächste
Geschichte.

Die Klatschmohnelfen

Wenn Du sehr jung bist, dann kann es sein, daß Du den Klatschmohn gar nicht mehr kennst. Noch vor ein paar Jahren gab es kein Kornfeld ohne eine große Zahl leuchtend scharlachroter Blüten. Aber wie die Kornblume und viele andere Ackerunkräuter ist auch der Klatschmohn vom Aussterben bedroht. Und dabei ist er seit der Steinzeit ein ständiger Begleiter des Ackerbaues

Wenn Du Blüten des Klatschmohns findest, dann warte ein wenig, bis er abgeblüht ist. Aus den zarten Blüten werden nämlich handfeste Samenstände. Aus den Mohnkapseln kannst Du wunderschöne Dinge basteln.

TROCKENSTRAUSS

Besprühe mehrere Mohnkapseln mit silberner Farbe und binde um jede einzelne ein farblich passendes Bändchen zu einer Schleife. Zusammen mit Lorbeer oder Tannenzweigen zu einem Strauß gebunden, hast Du ein hübsches Geschenk für besonders liebe Leute.

reici

KLATSCHMOHN

Obwohl Frau Elsa Werthen sich alle Mühe gab, ihre Schlaflosigkeit und ihre Angstzustände durch Gartenarbeit zu vertreiben, verschlechterte sich ihr Zustand von Woche zu Woche. Sie weinte viel, saß stundenlang in den Wartezimmern der Ärzte und bewältigte schließlich ihre Arbeit als Sekretärin nicht mehr.

Viktor redete auf seine Schwiegertochter ein. Aber da war nichts zu machen. Sie glaubte weder an die Kraft des positiven Denkens noch an Julchens ‚Fantasien‘.

„Vater, das ist doch alles Unsinn!“

„Dann mußt du eben mit deiner Schlaflosigkeit, deinen Ängsten und deiner kaputten Ehe selbst fertig werden. Du kannst es dir aussuchen. Niemand wird dich zu deinem Glück zwingen!“

Frau Werthen stopfte sich also weiter voll mit Tabletten. Pillen zum Einschlafen! Pillen zum Wachbleiben! Pillen, um den Tag zu bewältigen! Pillen, die die furchtbaren Angstzustände milderten! Pillen! Pillen!

„Meine Schwiegertochter besteht nur noch aus Angst, Sorge, Kummer und Pein. Ihre Depressionen wachsen von Tag zu Tag“, klagte Viktor seiner Nachbarin. „Was machen wir bloß? Das dumme Weibsbild ist nicht zu überzeugen! Wie ein Mensch so stur sein kann?! Unglaublich!“

„Nun beruhige dich, Viktor! Es wird einen Ausweg geben, auch für deine Tochter. Du wirst sehen! Laß ihr Zeit! Und bleib vor allem gelassen. Nur ein ausgeglichenes und ruhiges Gemüt kann auf andere vorteilhaft einwirken.“

„Du hast ja so recht, Grete! In solchen Augenblikken weiß ich erst, wie sorglos wir doch in deinem

Hause sind. Diese wundervollen Nachmittage, an denen wir einfach nur fröhlich und zufrieden unser Glück genießen!"

„Ja, ja, unsere kleine heile Welt! Ist dir schon aufgefallen, wie wenig man eigentlich zum Glücklichsein braucht?!"

„Arme Elsa! Sie schätzt nichts mehr als Geld, Besitz, Schmuck, Ruhm und Ansehen. All die Jahre wollte sie die bestangezogenste Frau der Stadt sein! Das raubte ihr den Schlaf und ruinierte ihre Gesundheit, denn der Mensch ist vor allem ein Geistwesen und alle Schätze der Welt können ihn nicht auf Dauer glücklich machen. Der Himmel ist im Inneren! Und wer woanders sucht, findet ihn nicht! Er wird enttäuscht! Immer und immer wieder bis er die Lektion lernt."

„Aber so wenig Menschen begreifen das, Viktor! Wir wissen es ja auch noch nicht allzulange. Schon im Kindergarten müßte einem das beigebracht werden! Wie ganz anders wäre mein Leben verlaufen! Aber ich will nicht klagen!"

Elsa Werthen hatte längst aufgehört, sich durch Gartenarbeit abzulenken. Es wurde immer schlimmer mit ihr. Sie lag untätig herum und quälte sich und ihre Umgebung.

Julchen hätte ja gerne ihre Freunde befragt. Aber wenn Mutti nun mal nicht wollte und alles für Unsinn hielt, konnten auch die Elfen nicht helfen.

Eines Tages bestand der Hausarzt auf Elsas Einlieferung in die Klinik. Als sie von den Rettungsmännern aus dem Haus getragen wurde, weinte Julchen und Großpapa mit ihr.

„Vielleicht braucht sie das", tröstete Tante Grete, „um zur Vernunft zu kommen. Wenn sie doch endlich begreifen würde, daß nur sie selbst sich am besten helfen kann!"

Vier Wochen waren seit Elsas Einlieferung vergangen. Sie sehnte sich nach Hause. „Diese Umgebung ist alles andere als gesundheitsfördernd. Nichts als Krankheit, Elend, Angst und Not!" klagte sie.

„Wem nicht zu raten ist, dem ist auch nicht zu helfen", sagte Viktor. „Jeder ist seines Glückes Schmied!"

„Hör auf mit deinen Weisheiten, Vater!"

Julchen schwieg. Sie wagte es nicht, in Mutters Gegenwart über ihre kleinen Freunde zu sprechen. Aber sie dachte an nichts anderes. Wenn Mutti jemand helfen konnte, dann waren sie es. Was um alles in der Welt sollte sie nur tun, damit Mutti den Rat der Elfen befolgt?!

Der Gesundheitszustand von Elsa Werthen warf auch einen Schatten über die so glücklichen Menschen im Hause Brack. So konnte es nicht weitergehen! Der übliche Friede, die Freude, das fröhliche Beisammensein – es hatte einen Knacks bekommen, obwohl sie es alle tapfer zu verhindern suchten. Es wurde bewußt, daß das Leben nicht nur aus Hochs, sondern auch aus Tiefs besteht.

Während Großpapa mit Tante Grete sprach, schlich Julchen zu den Fliederelfen und klagte ihnen ihr Leid. Natürlich wußten sie längst Bescheid und drohten sogar mit den winzigen Zeigefingern.

„Warum bist du nicht früher gekommen?" fragten sie. „Auch wenn deine Mutti nicht an uns glaubt, du hättest uns trotzdem fragen sollen!"

„Ich wollte euch nicht weh tun", gestand Julchen.

Und das wiederum verstanden die Elfen. Nach einer fröhlichen Stunde bei ihren Freunden fühlte sich Julchen wieder glücklich und unbeschwert. Die Fliederseelchen schickten das Mädchen zu ihren Schwestern, den Klatschmohnelfen.

Julchen lief den Wiesenweg entlang. Immer weiter und immer weiter. Sie war schon müde und hungrig. Doch sie hielt noch immer vergeblich Ausschau nach den knallroten Blüten. Dann setzte sie sich ins Gras, um ein wenig auszuruhen.

Während Julchen überlegte, welchen Weg sie nun einschlagen sollte, um am schnellsten zu den Klatschmohnelfen zu gelangen, bemerkte sie vor sich einen im Wind schaukelnden Löwenzahnsamen. Und oben auf dem „Fallschirm" saß eine Löwenzahnelfe, die Julchen zuwinkte.

„Ich führe dich hin", sagte das schaukelnde Püppchen. „Lauf nur immerzu hinter mir her, Prinzeßchen!"

„Bist du süß!" rief Julchen und vergaß ihre Müdigkeit. „Muß das schön sein, so durch die Gegend zu schaukeln!"

„Die Fliederelfen schickten mich zu dir, Prinzeßchen! Sie dachten, du könntest ohne Führung zu lange umherirren", sagte das Elflein.

Noch eine ganze Weile lief Julchen hinter dem schaukelnden Püppchen her.

„Siehst du sie?" fragte es endlich und zeigte nach vorne.

„Die Klatschmohnblüten!!" rief Julchen außer Atem.

Da standen sie am Rande des Getreidefeldes und

leuchteten um die Wette zur Ehre und zum Lobpreis Gottes. Ein Symbol des Lebens, der Freude und des Glücks in ihrer strahlenden Herrlichkeit.

Die Klatschmohnelfen, in ihren Wolkenkleidchen verwoben mit leuchtendem Rot, warteten schon. In den Haaren steckten winzige Klatschmohnblütchen.

„Guten Tag, Prinzeßchen!" riefen sie.

„Oh!" staunte Julchen. Sie hatte im Augenblick alles vergessen. Den weiten Weg! Die kranke Mutter! Tante Grete und sogar Großpapa. Nicht einmal Stefan kam ihr in den Sinn. Sie war ganz einfach wieder einmal restlos glücklich in der Gesellschaft ihrer wunderbaren Freunde.

„Paß genau auf, was wir dir sagen, Prinzeßchen! Dein Großvater ist heute nicht hier."

Julchen nickte.

„Er wird mich suchen", sagte sie. „Ich bin einfach weggelaufen!"

„Ja. Das tut er. Du mußt deshalb auf dem schnellsten Weg wieder nach Hause."

„Ja."

„Deine Mutti wurde so krank, weil ihr geistige Werte gar nichts bedeuten. Sie schätzt Geld und Ruhm mehr als Liebe, Freundlichkeit, Gutsein…"

„Das sagt auch Großpapa."

„Dein Großvater weiß, daß GOTT uns alles gibt, wenn wir uns als seine Kinder fühlen und benehmen. Wir dürfen auch alles haben was uns Freude macht. Wir sollen bloß unser Herz nicht daran hängen! Verstehst du das, Prinzeßchen?!"

„Nicht alles. Aber ihr habt ganz bestimmt recht!"

Diese Gedankengänge waren für Julchen nicht fremd. In letzter Zeit hörte sie im Hause Brack kaum

78

etwas anderes. Längst hatte sie begriffen, daß Muttis Körper nur krank war, weil sie eine kranke Seele hatte.

„Was sollen wir bloß tun?" fragte Julchen. „Mutti will sich von euch nicht helfen lassen!"

„Das Leid wird sie reif machen für höhere Werte!" sagten die Elfen. „Wenn dann deine Mutti begriffen hat, worauf es in Wirklichkeit ankommt, kannst du mit deinem Großpapa wiederkommen, und wir geben dir weitere Anweisungen."

Julchen nickte.

Es war immer dasselbe. Der Abschied stimmte sie traurig. Aber sie mußte auf schnellstem Wege nach Hause. Das sah sie ein. Also warf sie im „Rückwärts-gang" noch viele Kußhändchen nach den Elfen und riß sich schließlich los.

„Ich komme bald wieder! Auf Wiedersehen!"

„Auf Wiedersehen, Prinzeßchen!"

Endlich war Julchens Mutti wieder zu Hause. Doch sie blieb ein Problem.

Im Hause Brack saß man oft zusammen, um zu beratschlagen.

„Reden nützt rein gar nichts!" sagte Viktor. „Ich habe alles versucht! Sie kapiert nichts!"

„Wenn wir es nicht schaffen", sagte Grete Brack, „dann übergeben wir das Problem dem lieben GOTT! Wir werden für Elsa beten. Das hätten wir schon längst tun sollen!"

So geschah es dann auch. Man betete für Elsa Werthen und wartete gespannt auf eine Lösung.

Julchens Mutti saß im Wohnzimmer. Viktor hatte

ihr das Fauteuil ans Fenster gerückt. Teilnahmslos stierte sie vor sich hin. Dann wieder seufzte, weinte und klagte sie. In ihrem Gesicht spiegelte sich die innere Unausgeglichenheit und ihr ganzes Elend.

Plötzlich wurde ihre Aufmerksamkeit von einem schaukelnden Löwenzahnsamen vor dem Fenster, einem sogenannten „Fallschirm", angezogen. Er hing an einem Spinnwebfaden. Ein kaum wahrnehmbares Lächeln schob sich in Elsas Gesicht. Sie spürte es. Wie lange habe ich nicht mehr gelächelt, dachte sie. Und dieses winzige Ding bringt mich dazu. Sonderbar.

Als Julchen eine Stunde später ins Wohnzimmer kam, saß ihre Mutti noch immer am Fenster und schaute dem lustig schaukelnden Löwenzahnsamen zu.

„Da bist du ja wieder!" rief Julchen entzückt.

„Wen meinst du?" fragte die Mutter.

Und Julchen erzählte, wie sie die Bekanntschaft dieses Löwenzahnelfchens gemacht hatte.

Elsa Werthen hörte zu. Ihre kleine Tochter hatte Hilfe bei den Klatschmohnelfen gesucht. Und sie wehrte sich dagegen. Wenn nun das Kind diese Elfen tatsächlich sah?!

Elsa beobachtete das glücklich strahlende Gesicht ihrer Tochter, als deren Augen dem „Fallschirm" folgten. Und plötzlich, sie wußte selbst nicht wie ihr geschah, war da etwas in ihrem Inneren. Ein angenehmes Gefühl breitete sich aus. Alle Schwere fiel von ihr ab. Sie zog Julchen in ihre Arme. „Ich bin nicht wert, deine Mutti zu sein!" schluchzte sie.

„Aber was redest du denn, Mutti?! Und warum weinst du? Bitte, hör auf! Bitte! Es ist so traurig, wenn du weinst!"

80

„Diesmal weine ich nicht aus Kummer, Julchen. Weißt du was? – Ich glaube dir!"

„Was denn, Mutti?"

„Ich glaube an deine Elfen!"

Julchen hatte nie begriffen, warum Mutti nicht an ihre Elfen glauben konnte. Für sie waren die Elfen genauso wirklich wie Großpapa oder Stefan. Julchen sah da keinen Unterschied.

„Freust du dich denn nicht, mein Kind?"

„Natürlich, Mutti!"

„Du hast also die Klatschmohnelfen befragt?"

„Ja."

„Und?"

„Ach!"

„Du willst es mir nicht sagen?"

„Wahrscheinlich bist du dann böse!"

Elsa Werthen schüttelte den Kopf.

„Erzähle!"

„Du darfst dein Herz nicht so sehr an Geld und Besitz hängen, Mutti. Das zerstört deine Gesundheit und dein Glück!"

Elsa Werthen schwieg.

„Nun bist du doch böse?!"

„Nein, mein Liebes! Nur dankbar! Deine Elfen haben völlig recht. Es ist eine Schande, daß ich so lange gebraucht habe, um dies zu erkennen."

„Wirst du tun, was die Elfen sagen, Mutti?" fragte Julchen.

„Ich werde es tun!"

Julchen riß sich aus Mutters Umarmung und stürzte hinaus.

„Großpapa! Großpapa! Wir müssen schnellstens zu den Klatschmohnelfen! Ich erzähle dir alles auf dem

Weg dorthin! Komm, rasch!"

„Wo brennt's denn?" fragte der Großvater, ließ aber auf der Stelle alles liegen und stehen und rannte hinter seiner Enkelin her.

Inzwischen saß Elsa Werthen in Gedanken versunken noch immer vor ihrem Fenster. Nun war der Löwenzahnsame davongeschaukelt. Er hatte seine Aufgabe erfüllt.

Elsa Werthen gingen Julchens Worte nicht aus dem Sinn: Du darfst dein Herz nicht so sehr an Geld und Besitz hängen! Das zerstört dein inneres Glück! Solch tiefsinnige Sätze eines kleinen Mädchens. Julchen konnte unmöglich den Sinn erfassen. Ihre Beziehung zu Geld war gleich Null.

Mit einemmal erkannte Elsa Werthen die Armseligkeit ihrer Einstellung zu den Dingen dieser Welt und sie war bereit, ja sie sehnte sich danach, diese zu ändern. Elsa fühlte eine Kraft in sich, noch zart und leise, aber sie war schon da. Und sie klammerte sich daran! Diese innere Stimme würde sie auf den rechten Weg führen! Davon war Elsa überzeugt.

Den ganzen Nachmittag sammelten Großpapa und Julchen Klatschmohnblüten. Die Elfen hatten das so angeordnet. Diese Blüten waren besonders empfindlich. Sie wurden deshalb mit größter Sorgfalt auf einem Leintuch in windgeschützter Stelle getrocknet.

„Die Blütenblätter müssen eine dunkelrote Färbung annehmen", sagte der Großvater. „Wenn sie nämlich schwarz werden, war die Feuchtigkeit zu groß und ihre Heilkraft schwindet."

Aber es gelang alles bestens. Grete Brack steckte die getrockneten Blätter in luftdicht verschlossene Behälter.

Nun konnte Elsas Behandlung beginnen. Nicht nur das. Die kleine Gemeinschaft stand am Anfang eines neuen aufregenden Abenteuers.

Elsas Gesundheitszustand begann sich langsam, aber stetig zu bessern. Das bewirkte schon ihre geänderte Lebenseinstellung. Auch sie war nun häufig Gast im Hause Brack, beteiligte sich an den Gesprächen und trank brav ihren Tee. Während sie sich im Garten erholte, dachte sie viel nach.

Trotzdem waren Angstzustände und Schlaflosigkeit nicht besiegt. Noch immer konnte sie ohne Tabletten nicht auskommen.

Wochen hindurch trank Elsa einen Aufguß aus Klatschmohnblüten: Eine Prise getrocknete Blumenblätter in eine Tasse mit sehr warmen Wasser, drei Minuten ziehen lassen und vor dem Schlafengehen langsam trinken. So wurde das von den Klatschmohnelfen verordnet.

Schließlich kam die Zeit, wo Elsa anfing, immer weniger Tabletten zu schlucken, bis sie schließlich nur noch Tee trank.

Nach einem weiteren Monat war sie wieder imstande, tief und fest zu schlafen. Ihre Freude und Dankbarkeit wuchs. Dadurch lösten sich ihre Angstzustände und entschwanden ins Nichts.

Nach weiteren drei Monaten war Elsa Werthen ein seelisch und körperlich gesunder Mensch.

„Es geschehen tatsächlich noch Wunder!" sagte Julchens Vater und gab seiner Frau einen liebevollen Kuß.

Die Wassernixlein

Wenn wasserdampfreiche Luft abkühlt, dann bilden sich Wassertropfen. Der Regen. Es gibt Regentropfen die nur einen halben Millimeter Durchmesser haben. Das nennt man einen Sprühregen. Die Tropfen können aber auch 8 Millimeter groß sein. Solchen Regen bezeichnet man als Wolkenbruch.

Dort wo die Luft noch in Ordnung ist, sammeln Menschen das Regenwasser, um ihre Haut damit zu waschen, ihre Wäsche besonders weich zu machen oder ihre Blumen zu pflegen.

Deiner Blume tut eine Regenkur sicherlich auch gut.

REGENWASSERTHERAPIE FÜR BLUMEN

Sammle Regenwasser in einer großen Schüssel. Besprühe Deine Blumen täglich mehrmals damit und gieße sie, wenn möglich, auch mit diesem Wasser. Allerdings nur dann, wenn Du in einer „sauberen" Gegend wohnst. Deine Blumen werden schneller wachsen und üppiger blühen.

REiLi   REGEN

Großvater und Enkelin saßen am Fenster. Es regnete in Strömen. Auf den Straßen bildeten sich Pfützen.

Putzige Wassernixen, in Regenbogenfarben gekleidet, mit Silberkrönchen und Silberschuhen schaukelten und purzelten um die Wette.

„Heute werde ich ein Versprechen einlösen und dir aus der Bibel vorlesen", sagte der Großvater, stand auf und holte das Buch.

Julchen kletterte auf seinen Schoß.

„Wer hat dieses Buch geschrieben, Großpapa?"

„Heilige und erleuchtete Männer, mein Kind! Sie standen GOTT sehr nahe, weißt du? ER sprach zu ihnen. Damit aber auch andere Menschen davon erfahren, schrieben sie Gottes Worte in dieses heilige Buch. Verstehst du das, Prinzeßchen?"

„Ja, Großpapa. Spricht Gott nicht zu allen Menschen?"

„Doch. Aber nur wenige hören ihn! Seine Stimme ist leise und kommt aus dem Inneren!"

„Das weiß ich, Großpapa. Ich spreche oft mit Gott!"

„Duuu?!"

„Ja. Tut das nicht jeder Mensch?"

„Ich glaube nicht! Höchstens in Zeiten der Not."

„Das ist aber furchtbar traurig!!!"

Der Großvater fand das auch. Dieses Kind überraschte ihn immer wieder aufs neue. „Sie ist schon so geboren", dachte er.

„Wie machst du das, wenn du mit GOTT sprichst, mein Kind?" fragte er und seine Stimme zitterte ein wenig.

„So, Großpapa. Schau her!" Julchen schloß die

Augen und horchte nach innen. Sie tupfte dabei wiederholt mit dem Zeigefinger auf die Mitte ihrer Brust. „Da drinnen, Großpapa, ist die Stimme. Wir reden zusammen, wann wir wollen. Wenn ich nicht darauf achte und die Stimme möchte mir etwas sagen, dann wird mir so warm und gut da vorne. Und ich horche ganz schnell."

„Was sagt dir der liebe Gott, Prinzeßchen?"
Julchen lachte.

„Das weiß ich gar nicht mehr alles, glaube ich."
„War es schon so viel?"

„O ja", sagte sie ganz unbekümmert. „Manchmal erzählt er mir sogar Geschichten!"

„Geschichten?" staunte Viktor Werthen.
„Glaubst du mir nicht, Großpapa?"

„Ich denke, du hast eine prächtige Fantasie, Julchen! – Nun werde ich dir aus der Bibel vorlesen. Einverstanden?"

Julchen nickte und kuschelte sich an den Großvater.

„Selig sind, die ein reines Herz haben", las Viktor Werthen, „denn sie werden Gott schauen!" Er hatte das Buch aufs Geratewohl aufgeschlagen und sein Blick war auf diese Zeilen gefallen. Ein Schauer durchlief seinen Körper. Er schämte sich, daß er an Julchens Gott gezweifelt und ihn für Fantasie gehalten hatte. Er schloß das Buch und schlug es erneut auf. „Wenn ihr nicht werdet wie die Kinder", las er, „könnt ihr nicht in das Himmelreich eingehen."

Viktor Werthen glaubte nicht an Zufälle. Diese Bibelstellen zeigten ihm, wie echt Julchens Gott war!

„Weißt du, wo das Himmelreich ist?" fragte das Kind, das aufmerksam zugehört hatte.

Viktor deutete zaghaft nach oben.

„Das Himmelreich", sagte Julchen, „ist überall, Großpapa. Ganz besonders aber in den Herzen der Menschen. Da wohnt der liebe Gott. Und was du so siehst: die Bäume, die Blumen, die Felder, das Gras, der Himmel, die Tiere, das hat Gott für uns gemacht. Alle Menschen, Tiere und Pflanzen sollten glücklich sein! Das ist SEIN Wille!"

Der Großvater nickte. Er hatte das Gefühl, als ob er vor Rührung gleich losheulen müßte. Diese weisen Worte, die aus dem Mund des Kindes kamen, waren höheren Ursprungs. Kein Mensch aus der Umgebung konnte sie ihr eingegeben haben. Sie kamen aus Julchens Seele. Und in ihrer Seele wohnte Gott.

„Selig, die reinen Herzens sind", wiederholte er, „sie werden Gott schauen!"

„Stehen in der Bibel auch Geschichten, Großpapa?"

„Natürlich. Die Paradiesgeschichte zum Beispiel."

„Au fein! Liest du sie mir vor?"

Der Großvater las von Adam und Eva, vom Apfel und der Schlange und schließlich von der Vertreibung aus dem Paradies.

„Der liebe Gott hat mir die Geschichte ein bißchen anders erzählt", sagte Julchen. „Er sagte, das Paradies gibt es noch immer. Aber die Menschen sehen es nicht. Sie sind blind geworden. Ein Schleier liegt vor ihren Augen, weil sie Gott nicht kennen!"

Eine kleine Begebenheit fiel dem Großvater ein: Er ging mit Julchen querfeldein zu den Walderdbeerelfen. Da lag auf der Wiese ein toter Hase. Der Großvater sprach sein Bedauern darüber aus. Doch Julchen nahm keine Notiz. Als der Großvater mit dem

Finger darauf zeigte, behauptete sie, kein totes Tier zu sehen.

Damals hatte der Großvater nicht allzu lange darüber nachgedacht. Doch nun schien er des Rätsels Lösung gefunden: Julchen hatte ganz einfach die himmlischen Augen behalten dürfen. Sie sah nur heile Welt. So, wie Gott sie geschaffen hatte!

Zum Vier-Uhr-Tee gingen Großvater und Enkelin Hand in Hand zu Tante Grete. Julchen plauderte gleich eifrig darauf los. Sie erzählte Stefan von den Regentropfennixlein und beschrieb sie ihm. Der Kleine lauschte gespannt, drückte seine Nase platt am Fenster und konnte die kleinen Dinger trotzdem nur ahnen.

Viktor war ungewohnt still. Er vergaß sogar auf sein Pfeifchen. Das hatte es noch nie gegeben!

„Du bist doch nicht krank, Viktor?" fragte Grete Brack besorgt.

„Nein, nein! Wir beide" – er zeigte auf Julchen und ihn – „haben eben die Paradiesesgeschichte gelesen."

„Und? Was ist daran so niederschmetternd, Viktor? Sie ist Tausende Jahre alt!"

„Das ist es ja eben! Und das Paradies auch. Das glauben wir. Julchen behauptet: Das Paradies besteht noch immer in seiner ganzen Schönheit und Vielfalt. Wir leben mitten drin und wissen es nicht!"

„Woher weiß sie es?" fragte Tante Grete, nun auch neugierig geworden.

„Vom lieben Gott!" sagte der Großvater kurz und bündig und wunderte sich, daß Grete Brack nicht ungläubig den Kopf schüttelte.

Julchen und Stefan hatten sich in eine Ecke zurückgezogen und spielten hingebungsvoll mit Bausteinen.

„Ich habe Julchen einmal ungewollt belauscht, als sie mit Gott sprach", erzählte Grete Brack mit gedämpfter Stimme. „Erst hatte ich das Gefühl, da müsse noch jemand sein! Ich schaute mich um, sah aber niemand. Kinder reden schon mal mit sich selbst, dachte ich. Doch Julchen gab Antworten und stellte Fragen. Ich stand da wie angewurzelt, lauschte und war so ergriffen, daß ich es bis heute als Geheimnis in meinem Herzen verschloß."

„Das kann ich verstehen, Grete!"

„Ich habe nicht alles begriffen was da gesprochen wurde. Es schien, als sei Julchen kein Kind, sondern ein sehr weiser Mensch."

„Sie ist jung an Jahren", sagte der Großvater, „aber sie hat eine reife Seele. Sie weiß viel mehr, als wir alle zusammen!"

„Diesen Eindruck hatte ich auch."

In dieser Nacht tat Viktor Werthen kein Auge zu. Zu viel ging ihm durch den Kopf.

Die Sumpfdotterblumenelfen

Wenn Du über eine Wiese gehst, dann siehst Du auch heute noch eine Menge gelbblühender Blumen. Wahrscheinlich kennst Du nicht alle beim Namen. Es gibt eine sichere Methode, bei gelben Blumen die giftigen herauszufinden.

Schau Dir die Blüten an. Alle glänzenden gelben Blüten sind giftig. Sind die Blumen allerdings matt, dann sind sie ungiftig. Diese Regel gilt aber wirklich nur bei gelbblühenden Pflanzen.

Eine hat den hochtrabenden Namen Caltha palustris. Die Sumpfdotterblume hat glänzende gelbe Blüten. Sie gehört also zu den giftigen Pflanzen. In der Heilkunde verwendet man sie trotzdem. Bei Rheumatismus zum Beispiel. Du kannst mit ihr nur eines machen. Sie pflücken, und Deine Mutter mit dem hübschen Strauß überraschen. Vergiß nicht, Dir gleich nachher die Hände zu waschen.

Übrigens: Die Sumpfdotterblume gehört in der Schweiz zu den geschützten Pflanzen. In Deutschland und Österreich kommt sie noch reichlich vor.

Reili

SUMPFDOTTERBLUME

Großpapa und Julchen saßen am Bachufer. Das Plätschern des Wassers glich einer sich ständig wiederholenden Melodie. Die Dotterblumen leuchteten und strahlten mit der Mittagssonne um die Wette. Eine leichte Brise brachte Kühlung. Bienen und Hummeln summten, brummten und naschten Nektar. Da schaukelte auch noch ein Zitronenfalter und ein brauner Bär.

„So fliegen können, Prinzeßchen! So leicht und frei sich fühlen! Muß das schön sein!" rief der Großvater.

Aber Julchen hörte ihn nicht. Sie hockte glückstrahlend vor den leuchtendgelben Blüten und beobachtete entzückt den Elfentanz. Sie sahen aber auch wieder einmal allerliebst aus! Durch ihre blütenweißen Hauchkleidchen schimmerte bei jeder Bewegung das Gelb der Blütenblätter. In den Haaren steckten gelbe Tauperlchen, die ganz toll funkelten. Und die Blütenseelchen wiegten sich hin und her und her und hin, als hinge die ewige Seligkeit von ihrem Tanze ab.

„Ach, Großpapa!" rief Julchen außer sich vor Freude, „sie sind so fröhlich! So himmelhochfröhlich!"

Dann beschrieb die Kleine das Aussehen ihrer neuen Freunde. Großpapa lauschte hingebungsvoll. Er schloß die Augen. Trotzdem sah er ganz deutlich alles vor sich: den Bach und die ins Wasser gefallene Sonne, die wie Diamanten funkelnden Wassertropfen auf Gras und Blättern, das leuchtende Gelb der Blüten, die tanzenden Püppchen! Er atmete bewußt den wundervollen Duft von Wiese und Acker, unzähliger Blumen und Sträucher ringsum. Und er genoß die wohltuende Wärme der Sonne.

„Gottes Welt ist ein einziges Wunder", dachte er. Ein

starkes Gefühl von Dankbarkeit und Geborgenheit durchströmte ihn.

„Vater im Himmel", flüsterte er, „dies hier muß heiliger Boden sein!"

Dann – ganz plötzlich kam sie über ihn: eine Woge von spürbarer Gottesnähe und die damit verbundene Glückseligkeit. Ein unbeschreiblicher Freudentaumel erfaßte ihn! Viktor fühlte sich davon durchdrungen, eingehüllt und hochgehoben, unglaublich jung und grenzenlos frei! Wie Ebbe und Flut kamen diese Wellen und rissen ihn hinein in eine noch schönere, lichtere Welt.

So etwas hatte Viktor Werthen in seinem ganzen langen Leben noch nie erfahren. Er zwickte sich in den Arm. Aber er träumte nicht! Zögernd öffnete er die Augen. Es war, als schauten ihn Gottes gütige Augen aus jedem Grashalm, jeder Blüte und jedem Blatt entgegen. Er fühlte sich eins mit allem und jedem. Es fiel wie Schuppen von seinen Augen. Er begriff: alles Leben ist Gott!

Noch immer fühlte er sich außergewöhnlich wohl. Unbeweglich verharrte er in diesem Zustand. „Wahrscheinlich hat mir der Liebe Gott erlaubt, ein wenig hinter die Kulissen zu schauen", dachte er. Was mag dahinter wohl noch alles auf uns warten?! Ein Bibelspruch kam ihm in den Sinn: „Was kein Auge gesehen, kein Ohr gehört und in keines Menschen Herz gedrungen, hat Gott denen bereitet, die ihn lieben!"

Die Sonne rückte schon nach Westen. Mit jähem Schreck erinnerte sich Viktor an Tante Grete, die mit dem Essen wartete. Noch ganz benommen von dem außergewöhnlichen Erlebnis, rappelte er sich hoch und rief nach Julchen. Wie immer verabschiedete sich das Kind mit Kußhändchen von ihren Freunden. Dann traten sie gemeinsam den Nachhauseweg an.

„Du fragst mich ja heute gar nichts!?" wunderte sich Julchen. „Was ist mit dir, Großpapa?"

„Ist ja schon gut, mein Kind! Nun, was haben dir deine Blütenseelchen denn diesmal erzählt?" fragte der Großvater und seine Stimme klang wie Samt und Seide.

„Sie erklärten mir das Reich Gottes auf Erden!" plapperte die Kleine.

„Das Reich Gottes auf Erden?!"

Das Reich Gottes auf Erden! Hatte der Großvater es nicht soeben erlebt!? Erleben dürfen!? Zumindest einen Schimmer davon! – Viktor machte nun große Schritte und Julchen hatte alle Mühe mitzuhalten. Ein Lächeln schlich sich in sein Gesicht, als er an Grete dachte, an jene Grete, die er noch kein bißchen leiden konnte. Wie ganz anders sah die Welt von heute aus! Dann aber fiel ihm die Grete ein, die nun schon eine geschlagene Stunde mit dem Mittagessen wartete.

Und da stand sie auch schon, wie das drohende Wetterleuchten persönlich, in der Haustür. Zusammengekniffener Mund, Fäuste in die Hüften gestemmt.

„Also, wißt ihr, da müht man sich ab und ihr beide findet es nicht einmal der Mühe wert, rechtzeitig nach Hause zu kommen!"

„Entschuldige Grete! Entschuldige bitte! Heute ist ein ganz besonderer Tag!"

„So siehst du auch aus, Viktor! Was ist los?"

„Es ist unmöglich, das zwischen Tür und Angel zu erzählen!"

96

Während des Essens fragte Tante Grete die Kleine: „Hast du auch heute die Elfen gesehen?"

„Sumpfdotterblumenelfen, Tante Grete! Sie meinten, ihr wüßtet nun eine ganze Menge über Heilkräuter. Wir sollten das Himmelreich jetzt auch auf einer anderen Ebene sichtbar machen!"

„Waaaas?! Das Himmelreich sichtbar machen? Wir?!? Laßt uns mal schön auf der Erde bleiben, meine Lieben! Seid ihr denn nicht zufrieden mit dem was wir uns erarbeitet haben?!"

„Natürlich, Grete!" sagte Viktor beschwichtigend. „Aber Julchen hat das ganz richtig gesagt: sichtbar machen! Wir sollten mithelfen, das Reich des Himmels auf Erden sichtbar zu machen! Aber eigentlich ist es ja da in seiner ganzen Schönheit!"

„Also du redest Unsinn, Viktor! Ist es nun da oder nicht? Wenn es da ist, braucht man es nicht sichtbar zu machen oder wie soll ein normaler Mensch das verstehen können!"

„Es ist da! War immer da! Aber vielen, den meisten Menschen unsichtbar!"

„Himmel, Himmel, Himmel!" rief Tante Grete. „Wo führt das noch hin?"

„Du mußt das so sehen, Grete: Diesseits und jenseits gehen ineinander auf. Es gibt da nur verschiedene Bewußtsseinsstufen. Und man erkennt nur immer die Bewußtseinsebene, auf der man gerade steht. Ich durfte heute ein wenig tiefer schauen!"

„Laßt uns bleiben, wo wir sind, Viktor! War es nicht schön all die Monate?!"

„Natürlich, Grete! Aber das Leben kennt keinen Stillstand. Die Entwicklung geht weiter, immer weiter!" sagte Viktor.

„Du meinst also, wir sollten tiefer blicken, Neues entdecken, um noch glücklicher, gesünder und freier zu werden?!"

Viktor nickte und es hatte den Anschein, als könne er gar nicht mehr aufhören zu nicken.

Grete stand auf und holte Großvaters Pfeife und Tabakbeutel aus dem Eckschrank.

„Da", sagte sie, „zünde dir ein Pfeifchen an, sonst wirst du noch zu einem Nickautomaten."

„Darf ich in den Garten?" fragte Julchen.

„Lauf nur, mein Kind!" Tante Grete war sichtlich froh, mit Viktor allein zu sein.

„Vielleicht fängt Julchen an zu fantasieren, Viktor. Ich glaube ja an ihre Elfen. Aber weißt du . . ."

„Diesmal geht es ja gar nicht um die Kleine. Es geht um mich!"

Grete faltete die Hände und hob sie über ihren Kopf hinaus: „Alle Heiligen, steht mir bei! Siehst du vielleicht auch schon Elfen oder gar fliegende Untertassen?"

„Laß die dummen Witze, Grete!"

„Ich fühl mich aber nicht mehr wohl in meiner Haut. Da kommt etwas auf uns zu – du meine Güte! Ich bin dem nicht gewachsen!"

„Du hast recht, Grete. Es kommt etwas Neues auf uns zu. Ich würde dir ja gerne erzählen, was nun wirklich geschehen ist, aber ich komme ja nicht zu Wort."

„Dann erzähl schon! Aber erst räum ich noch das Geschirr vom Tisch."

Viktor zog an seiner Pfeife, aber sie war kalt. Er legte sie auf den Tisch und wartete, bis sich Grete ihm gegenübersetzte.

„Hast du dich verliebt? Viktor?"

„Grete! Warum läßt du mich nicht endlich erzählen?! Eine Menge Arbeit wartet auf uns!"

„Das ist nichts Neues, Viktor. Habt ihr vielleicht einen Ausschlag, einen Nierenstein oder eine Depression aufgelesen?"

„Nein! Haben wir nicht! Hör – mir – bitte – endlich zu!"

„Ja, ja!"

„Grete, etwas Wunderbares ist geschehen! Mit mir!"

„Sag ich ja die ganze Zeit! Entweder du hast dich verliebt oder bist Lottomillionär!"

Viktor seufzte. Was war nur mit Grete los? Sie wehrte sich unbewußt gegen das Neue, das sie da auf sich zukommen sah.

„Ich brauche kein Lotto und ich habe mich auch nicht verliebt! In meinem Alter!" sagte Viktor.

„Na und?"

„Du hörst mir einfach nicht zu!"

Julchen kam aus dem Garten zurück.

„Du kriegst jetzt eine gute Tasse Kakao", sagte Tante Grete. „Wir beide trinken Kaffee. Dann höre ich ganz bestimmt zu."

Viktor ergab sich. „Na hoffentlich", sagte er. „Wir müssen nämlich das Himmelreich wiederherstellen!"

„Fang nicht schon wieder damit an!" Grete wirbelte herum. Die Kaffeekanne mit dem Zwiebelmuster rutschte ihr aus den Händen.

„Julchen, jetzt sag mir bloß, wo war dein Großpapa?"

„Am Bach, Tante Grete!"

„Ist er hineingefallen?"

„Aber wieso denn, Er ist ja gar nicht naß! Was Großpapa erzählt, stimmt. Die Elfen sagten das auch."

„Was?"

„Daß wir das Himmelreich wieder herstellen sollten! Verstehst du, Tante Grete?"

„Nein!" sagte sie barsch. „Ich werde bestimmt heute noch wahnsinnig! Man kann euch beide nicht mehr allein außer Haus lassen!" Dann fing sie an, die Trümmer der schönen, heißgeliebten und zwiebelgemusterten Kaffeekanne in die Schürze zu sammeln. Sie seufzte. „Man soll eben an nichts hängen! Was soll's! Scherben bringen Glück! Da habe ich zur Zeit ganz andere Sorgen!"

„Du glaubst, ich spinn!" sagte Viktor.

„Ja. Und zwar gewaltig. Das Himmelreich auf Erden wieder herstellen! Verrückt! Wie willst du fertigbringen, was dem lieben Gott nicht gelingt?! Und ich soll dir womöglich dabei helfen, was?!"

„Wirst du auch!"

„Ist ja sonnenklar!"

„Ich sage ja nicht, daß wir beide allein das zuwege bringen. Nur ein bißchen mithelfen, verstehst du? Gott wirkt nun mal durch den Menschen. Wir tun, soviel in unserer Macht steht. Auch die kleinste Flamme vertreibt einen Teil der Finsternis. Unsere Arbeit mit den Heilpflanzen ist nichts anderes. – Täglich beten wir im Vaterunser: Dein Reich komme! Wir sagen das gedankenlos dahin. Eigentlich ist es genau das, was wir hier besprechen. Da sieht man wieder einmal, wie wenig bewußt wir Menschen uns doch verhalten!"

Tante Grete setzte sich wieder hin, die Scherben noch immer in ihrer Schürze.

„Wenn ich also Blumen oder ein Tier mit Hingabe und Liebe behandle, helfe ich mit, das Reich Gottes wieder herzustellen! Ist das richtig, Viktor?"

„Genau so ist es!"

„Aber das tun wir doch seit vielen Monaten!"

„Auch das stimmt. Aber wir müssen alles noch intensiver betreiben. Wer die Stille des Waldes nicht stört, nach Kräften in der Natur für Reinheit sorgt, kurzum: selbstlos handelt dem Pflanzen-, Tier- und Menschenreich gegenüber, höher steigt, heller leuchtet von innen her und dadurch gesünder, freier, glücklicher, erlöster wird, um es anderen weiterreichen zu können, der hilft, das Reich Gottes auf Erden wieder herzustellen!"

Tante Grete war sprachlos. Und das passierte nicht allzuoft. Sie ist nämlich eine Löwe-Geborene. Viktor fuhr fort:

„Wir müssen unser inneres Licht erlösen, so daß es imstande ist, heller zu strahlen in und um uns! Jeder Mensch, der sich entwickelt, tut dies. Es ist gleich, welchem Glauben jemand angehört. Hauptsache, sein Weg führt zu Gott! Alles ist gut, was uns Gott näher bringt. Die Wege sind verschieden, aber das Ziel ist der Eine Gott!"

Verstohlen betrachtete Tante Grete den Großvater. Sie wußte zwar noch immer nicht, was nun tatsächlich geschehen war, aber daß da etwas Außergewöhnliches passiert sein mußte, dessen war sie sich nun sicher. Viktor war ganz einfach nicht mehr derselbe.

Am Nachmittag saßen Tante Grete und Viktor in der Gartenlaube.

„Heute habe ich mich blöd benommen", sagte

Grete.

„Ich mache dir doch keine Vorwürfe! Das alles ist auch schwer zu verstehen. Hätte ich es nicht selbst erlebt, würde ich es wahrscheinlich auch nicht begreifen."

„Bitte erzähl!"

„Ich habe – vielleicht nur für wenige Augenblicke – ins Himmelreich geschaut!" sagte Viktor feierlich. „Es war, als ob der Schleier zwischen dieser und jener Welt ein wenig gehoben worden wäre. Dabei wurde ich gewahr, daß diese beiden Welten nicht voneinander getrennt sind. Alles ist eins."

Julchen sprang in die Laube. „Es ist wahr, was Großpapa erzählt! Die Elfen sagen dasselbe, Tante Grete." Und die Kleine plapperte mit so viel Begeisterung und Überzeugung, daß sogar Tante Gretes letzte Zweifel an Großvaters klarem Verstand zu schmelzen begannen.

„Weißt du, Grete, Worte nehmen dem Ganzen den Glanz und das Geheimnis. Es war eben ein geistiges Erlebnis, das sich kaum in Worte kleiden läßt."

„Ach, Viktor", sagte Grete und seufzte, „ich gönne dir ja dein Erlebnis! Aber plötzlich fühle ich mich draußen, verstehst du?!"

„Das ist doch purer Unsinn, Grete! Wir gehören zusammen. Du wirst genauso erkennen, wie ich es durfte. Vielleicht auf eine andere Art, aber es wird dasselbe Ergebnis bringen."

„Glaubst du?"

„Ja!"

„Dann ist es ja gut, Viktor."

Der Großvater nahm Tante Grete an der Hand.

102

Seine Stimme schien von weither zu kommen:

„Ich saß da", sagte er, „am Bach und schaute Julchen zu, wie sie mit ihren Elfen beschäftigt war. Plötzlich war da Etwas! Alles schien anders! Ich fühlte mich in eine hellere Welt versetzt und doch war ich mir bewußt, daß ich weiter am Bach saß. Wo immer mein Blick hinfiel, alles strahlte und leuchtete wie nie zuvor. Jeder Grashalm, jede Blüte, das Wasser, die Bäume, die Wiesen! Julchen war das reinste Lichtbündel!"

„Das muß ja wirklich schön gewesen sein, Viktor! Vielleicht hast du aber doch geträumt?!"

„Habe ich nicht! Ich war hellwach! Habe mich sogar in den Arm gezwickt."

„Na ja, eigentlich siehst du noch immer ein wenig verklärt aus", stellte Tante Grete fest.

Viktor lächelte und versank in Gedanken. Nicht allzu lange, den Grete wollte noch etwas wissen.

„Wie sieht das Reich Gottes aus, wenn es nun auf Erden tatsächlich wieder hergestellt ist?"

„Völlige Harmonie!" sagte Viktor kurz und bündig. Aber Grete konnte nicht allzuviel damit anfangen. Sie sah Viktor erwartungsvoll an. „Nun ja", sagte er, „völlige Harmonie heißt, daß keinem Geschöpf Gottes Leid zugefügt wird! Keinem! Alle Wesen leben glücklich und zufrieden auf ihrer jeweiligen Stufe, wenn der Mensch sie läßt. Das habe ich dir doch schon gesagt, Grete!"

„Kann sein! Erkläre es mir bitte noch einmal! Was heißt auf der jeweiligen Stufe?"

„Nun, die Pflanze auf der pflanzlichen, das Tier auf der tierischen, der Mensch auf der menschlichen Stufe. Das wußte schon Goethe, als er sagte: ‚Auch der Geringste, wenn er ganz ist, kann glücklich und in seiner Art vollkommen sein!' Mit dem Geringsten meinte er sicher die Pflanze oder das Tier."

„Da schau her, der alte gescheite Goethe hat das auch schon gewußt! Jetzt verstehe ich wirklich, warum niemand das Recht hat, einem anderen, und wäre es auch der Geringste, mutwillig Leid zuzufügen."

„Was ihr dem Geringsten getan habt, das habt ihr mir getan!" sagte vor zweitausend Jahren der größte Liebende aller Zeiten. Und er meinte nicht nur den Menschen!"

„Ist das nicht wunderbar, Viktor!? Merkst du, wie der Kreis sich schließt?" fragte Grete ergriffen.

„Ja, Grete! Es ist wirklich wunderbar!"

Da war plötzlich ein Gedanke, der brachte wieder Unruhe in Tante Gretes Harmonie. „Du, Viktor, wie ist das aber in der Natur?! Da frißt doch einer den anderen auf!"

„Die Bewußtseinsstufe der Tiere ist niedrig, sie sind noch nicht voll entwickelt und bewußt. Auch viele Menschen sind das nicht! Und deshalb töten sie. Hat aber der Mensch einmal die Höchststufe in der geistigen Entwicklung erreicht, wird das Lamm wieder beim Tiger liegen, wie es die Hl. Schrift verheißt. Alles hängt vom Menschen ab!"

„Aha!" staunte Grete. „So ist das! Danke, Viktor! – Einmal habe ich gelesen, daß vor tausenden von Jahren die Menschen in Gemeinschaft mit Elfen, Zwergen und Heinzelmännchen lebten."

„Ja, ja! Das muß eine wundervolle Zeit gewesen sein!" sinnierte Viktor. „Aber das kleine Volk hat sich zurückgezogen aus abgasgeschwängerten Großstädten, aus verseuchten Gewässern und Wäldern. Es traut den Menschen nicht mehr. Doch ab und zu gibt es auch heute noch den einen oder anderen, dem solche Wesen sichtbar sind. Unser Julchen ist eine von den wenigen."

„Ja. Und wir dürfen das alles miterleben. Sind wir nicht Auserwählte, Viktor?!"

„Alle Menschen könnten so leben wie wir, Grete!"

„Da hast du auch wieder recht!"

„Jedes Wesen, das aus der Harmonie fällt, schadet nur sich selbst!" erklärte Viktor. „Ist dem Menschen Leben in jeder Form heilig, erfreut er sich bester Gesundheit, ist zufrieden und glücklich. So dient er der Natur mit Liebe und Hingabe und sie wiederum versorgt ihn mit allem Nötigen. Das ist ein Kreislauf, der nicht unterbrochen wird, solange die Harmonie aufrecht bleibt."

Tante Grete hatte andächtig zugehört.

„Das wäre es!" sagte sie.

„Was denn?"

„Das Reich Gottes auf Erden!"

„So ist es, Grete! Und nur wir selbst sind imstande, es zu errichten! Zuerst in unseren eigenen Herzen. Das steht schon in der Bibel: ‚Das Himmelreich ist inwendig in euch!' Für Julchen besteht der Himmel oben und unten, innen und außen. Die Erde ist für sie ein Paradies aus Licht und Leben. Das Kind besitzt die Gabe der inneren Schau."

Tante Grete war ganz still geworden. Wenigstens für eine Weile. Auch Viktor hing seinen Gedanken nach.

„Aber Gott, Viktor! Wo ist Gott? Und was ist ER?"

„Gott ist Licht und Leben, Grete! Und wo das Himmelreich ist, dort ist auch Gott! ER ist in jedem

Wesen!"

„Das kann ich gar nicht zu Ende denken, Viktor! Stell dir vor: auch die Blume, der Grashalm, der Baum, jedes Tier – lebt!"

„Gottes Energie fließt durch die Schöpfung in Form von Licht und Leben, das sich mit einem materiellen Körper umgibt, damit es auf unserer Erde wahrgenommen werden kann. Das ist eine Tatsache."

„Diese Energie Gottes ist dann auch im Wasser, in den Sternen, im Baum, in der Maus und im Käfer und ..."

„Ihr seid vielleicht komisch", unterbrach Julchen, die aufmerksam zugehört hatte, „wißt ihr denn nicht, daß Gott allgegenwärtig ist? Auch im Stein?"

Als das Kind in die zwei erstaunten Gesichter sah, lachte es fröhlich, sprang auf und lief einem Schmetterling hinterher, um ihn bei seiner Nektarsuche zu beobachten und ein wenig mit ihm zu plaudern.

„Ich werde verrückt! Das halt ich nicht aus!" rief Tante Grete. „An diese Gedanken muß ich mich erst langsam gewöhnen! Wenn das stimmt, dann wäre ja jede mutwillige Vernichtung von Leben unverzeihlich?!"

„So ist es!" sagte Viktor feierlich. „Aber das Leben an sich kann niemals zerstört werden! Nur das Kleid. Es hat aber auch keiner das Recht, die das Leben umgebende Materie zu vernichten."

„Ja, aber ich muß doch Unkraut jäten! Oder wie ist das mit dem Tieretöten!?"

„Du hast sehr richtig gesagt, Grete: jedes mutwillige Töten. Eines Tages wird auch die Menschheit wieder begreifen was es heißt: ‚Du sollst nicht töten!'"

„Das sind ja gewaltige Gedankengänge, Viktor.

Aber was können wir zwei Alten schon tun?"

„Der Geist wird niemals alt, Grete. Das wissen wir doch. Hör endlich auf, vor deinen Jahren Angst zu haben! Jedes Lebensalter ist schön! Das ist doch für uns nichts Neues!"

„Weiß ich ja, Viktor. Es war nur heute ein bißchen viel für mich!"

„Ich habe das Gefühl, als ob ich diese neue Erkenntnis schon immer in mir getragen hätte, nur ist sie mir irgendwann abhanden gekommen. Habe ich dir schon einmal vom Volk der Atlanter erzählt, Grete?"

„Nein!"

„Die Atlanter waren ein hochzivilisiertes Volk. Sie lebten vor vielen tausend Jahren vor unserer Zeitrechnung und wußten sich alle als Brüder unter einem Vater im Himmel. Es war ein überaus glückliches Volk. Sie lebten von den Früchten der Erde und töteten niemals. Es herrschte Frieden, Freude, Gesundheit und Harmonie auf allen Ebenen! Außerdem wurden sie uralt in geistiger Frische."

„Das ist ja toll, Viktor. Und wo sind sie jetzt, deine Atlanter?"

„Als sie anfingen, selbstsüchtig zu werden, änderte sich alles! Aber das erzähle ich dir ein andermal."

„Gut", sagte Tante Grete! „Weißt du was, Viktor, ich freue mich schon auf das neue Leben: überall, in jedem und allem Gottes Liebe und Licht zu sehen und zu spüren!"

„Du bist einfach – mir fehlen die Worte!" freute sich Viktor.

Tante Grete lachte. Sie war wieder rundum glücklich.

Julchen saß im Gras. Vor ihr, auf einem Gänseblümchen, ein Zitronenfalter. Viktor und Grete konnten zwar nicht verstehen, was das Kind so plapperte, aber sie sprach offensichtlich mit dem Tierchen.

„Ob sie wohl auch die Tiersprache versteht?" fragte Grete. „Heute wundert mich rein gar nichts mehr!"

Die Baumelfe

Als noch die Dorffeste gefeiert wurden, als die Leute noch
verstanden wie man sich richtig freut, da traf sich die ganze
Gemeinde und tanzte um den Baum. Das gab es tatsächlich.
Jedes Dorf, jeder einsam gelegene Weiler hatte einen Hausbaum.
Meist eine Linde. Dieser Baum war heilig. Er war ein Baum in
dem die Göttin Freya wohnte. Die germanische Göttin der Liebe
und Fruchtbarkeit. Es wurden aber nicht nur die Feste der
Menschen unter dem Dorf- oder Hausbaum gefeiert, es wurde
auch Gericht gehalten.

Die Menschen glaubten, daß die Göttin der Liebe, die Richter
milde stimmen würde. Die alten Bräuche sind längst vergessen.
Aber seht Euch um in Eurer Umgebung. Gibt es nicht da und
dort einen echten Hausbaum? Und ist er nicht eine Linde? Der
Baum mitten in der Welt, ein Vermessungspunkt schon vor hundert Jahren, steht in Kremsmünster in Österreich. Er ist, wie
könnte es anders sein, eine Linde. Ihre Blätter haben die Form
eines menschlichen Herzens. Vielleicht mögen wir Menschen die
Linde deshalb so gern.

LINDENBLÜTENWASSER

Ein Eßlöffel Blüten mit 5 Eßlöffel Wasser mußt Du 24 Stunden
ruhig stehen lassen. Am besten in der Küche, da ist es schön
warm. Dann mußt Du die Flüssigkeit abseihen und kannst sie
auch schon verwenden. Als Badezusatz oder Haarwasser.

110

LINDENBAUM.

Elsa Werthen saß auf der Terrasse ihres Hauses mit einer Strickarbeit beschäftigt.

„Schön, dich so zufrieden zu sehen, Elsa!" sagte Viktor und setzte sich zu ihr.

„Ich fühl mich auch gut, Vater! So viel hat sich geändert in meinem Leben! Manchmal frage ich mich, ob das alles Wirklichkeit ist?! Könnte ich mir selbst begegnen, ich würde mich kaum erkennen!"

„Ja, du bist eine andere geworden, innen und außen!"

„Das Innere bewirkt das Äußere! Ich bemerke es wohl, wenn ich in den Spiegel schaue. Wenn man bloß allen leidenden Menschen verständlich machen könnte: denkt um! Ihr seid und erlebt – was ihr denkt!"

„Mein liebes Kind", sagte Viktor, „um anderen den Weg aus der Dunkelheit ins Licht zeigen zu können, muß man selbst die Finsternis durchwandert haben. Nur eigenes Erleben zählt!"

„Ich bin diesen Weg gegangen!"

„Deshalb kannst du jetzt anderen helfen. Wie kam es eigentlich zur Gründung deiner Selbsthilfegruppe?"

„Ganz ohne mein Zutun", sagte Elsa. „Eines Tages traf ich im Park eine junge Frau, in Tränen aufgelöst. Einer anderen begegnete ich im Warenhaus. Und so ging das weiter. Es ist, als ob ich zu diesen Menschen hingeführt werde. Ganz eigenartige Umstände machen diese Begegnung möglich. An Zufälle kann ich nicht glauben!"

„Die gibt es auch nicht!"

„Wir treffen uns wöchentlich", fuhr Elsa fort und legte ihre Strickarbeit zur Seite. „Es wird diskutiert, wir tauschen Erfahrungen aus und jeder versucht, auf seine Art, anderen zu helfen. Das ist die beste Medizin für alle! Sobald ein Mensch bereit ist, für den Nächsten selbstlos etwas zutun, verliert er ein Stückchen seines kleinen Ich und damit verschwindet manches Leid von selbst! Die Selbstsucht ist die Quelle aller Leiden!"

Viktor hatte aufmerksam zugehört.

„Wer bereit und fähig ist, sein Ego aufzugeben, meine liebe Elsa, der hat alles gewonnen! Nichts engt den Menschen mehr ein, als dieses kleine Ich, um das all unsere Gedanken kreisen. Sobald wir uns aber für die Nöte des Nächsten öffnen, gehen wir aus diesem Käfig heraus. Wir werden frei!"

„Stimmt, Viktor! Weißt du, wie man einen Egoisten sofort erkennt?"

„Ich habe noch nicht darüber nachgedacht. Aber du wirst es mir gleich sagen, vermute ich."

Elsa lachte.

„Unterhältst du dich mit jemand, dann gib acht, wie oft er das Wort ‚ich' verwendet. – Ach, Vater, ich mag gar nicht zurückdenken!"

„Das sollst du auch nicht! Doch jede Münze hat zwei Seiten. Du mußtest durch diese Erfahrung hindurch, um jetzt andere überzeugen zu können!"

Elsa und Viktor schwiegen für eine Weile. Sie schauten hinüber zum großen Lindenblütenbaum. Eine leichte Brise trug den herrlichen Duft der Blüten direkt an ihren Nasen vorbei.

„Angenehm, nicht wahr?" sagte Viktor.

„Ja! Früher hätte ich so etwas kaum beachtet! – Weißt du, Vater, was mir noch auffällt bei meiner Gruppe?! Den meisten Depressiven fehlt es nicht an Materiellem. Ganz im Gegenteil! Das gibt zu denken!

Was macht solche Leute lebensunfähig?"

„Der Mensch ist in erster Linie ein Geistwesen, das darfst du nie vergessen. Geld, Ansehen, Macht können niemand auf Dauer glücklich machen. Schau sie dir doch an, die Reichen dieser Erde! Nicht umsonst gestand der Millionär Vanderbilt auf dem Sterbebett: ‚Wie dürftig und armselig war mein Leben!' Erst wenn das Ausgerichtetsein auf Gott dazukommt, werden materielle Güter zum Segen!"

„Das habe ich nun wirklich verstanden, Vater. Dank eurer Hilfe! Ich freue mich auch heute noch über ein schönes Kleid oder ein Schmuckstück, das mir mein Mann schenkt. Aber ich hänge mein Herz nicht mehr daran!"

„Es ist wunderbar, dich so reden zu hören. Du hast begriffen, worauf es in Wirklichkeit ankommt!"

Viktor kuschelte sich in den Stuhl, legte die Hände in den Schoß und schloß die Augen. Er genoß die wärmenden Sonnenstrahlen auf seiner Haut.

„Heuer gibt es zum erstenmal wieder viele Hummeln. Wo die wohl herkommen? Hast du eine Ahnung, Vater?"

„Grete und ich haben Brutkasten für Hummelkinder aufgestellt. Ich liebe sie auch sehr, diese brummeligen Dickerchen!"

„Ach, deshalb!"

„Laß mich jetzt bitte ein wenig dösen, liebe Schwiegertochter! Wir können unser Gespräch ein andermal fortsetzen!"

„Nur noch eine Frage, Vater! Wo ist Julchen? Ziemlich ungewöhnlich, euch beide getrennt zu sehen!"

„Wo soll sie schon sein? Sie spielt mit Stefan im Garten der Nachbarin. Mache dir niemals Sorgen um

114

die Kleine! Sie wird ihren Weg gehen!"

„Davon bin ich überzeugt. – Die beiden erleben eine wunderschöne, unbeschwerte Kindheit, findest du nicht auch, Viktor?! Wie ganz anders würde die neue Generation heranwachsen, wenn…"

„Es gibt schon viele Eltern, die begriffen haben, worum es geht und die ihren Sprößlingen eine bewußt erlebte Kindheit ermöglichen. Schließlich leben wir in einer Zeitenwende! Altes Denken zerbricht! Das ist nicht mehr zu übersehen!"

„Die Schar der Lichtsucher wird immer größer!" sagte Elsa. „Das ist wahr! – Eigentlich sind Kinder die größten Lebenskünstler, Vater! Sie beherrschen den Augenblick! Wir müssen uns das erst wieder erarbeiten."

Viktor nickte. Er stand auf und rückte den Sessel in den Schatten.

„Wirst du mich jetzt endlich schlafen lassen, meine Liebe?!"

„Wir sind so wenig zusammen", sagte Elsa. „Eines wollte ich dir noch erzählen! Dann gebe ich wirklich Ruhe. – Ich habe einen Vortrag über Lebensbejahung gehört. Aber das war nichts anderes, als dick aufgetragener Egoismus. Diese Menschen bejahen nicht das Leben, sondern sich selbst! Das sind die Wölfe im Schafspelz. Sie treten in allen möglichen Verkleidungen auf. Wie könnten sie sonst hassen, Kriege führen, sich auf Kosten anderer bereichern, Tiere quälen und töten, Waffen segnen, Wälder ausrotten, Flüsse verseuchen.."

„Du hast recht Elsa! Leben bejahen heißt nichts anderes, als sich in Ehrfurcht einzuordnen in alles brüderliche Sein!" sagte Viktor.

„Es fängt damit an, nach innen zu leben", fuhr Elsa
fort. „Dadurch kommen sich die Menschen näher.
Diejenigen, die sich nur im Außen bewußt sind, verlieren einander. Bin ich nicht das beste Beispiel?!"

Julchen kam gelaufen. Sie gab Großpapa einen
Kuß. Dann kletterte sie auf Mamas Schoß und schlang
die Arme um ihren Hals. Ein warmes Gefühl durchströmte Elsa. Und sie genoß es.

Diese Gelegenheit ließ Großpapa nicht ungenützt
und – entschlummerte.

Julchen zeigte auf den mächtigen Lindenblütenbaum.
„Im Stamm steht eine Elfe, Mutti!" flüsterte das Kind.

„Eine Baumelfe?" fragte Mama.

„Sie sieht aus wie ein junges Mädchen, Mutti. Das
weiße Hauchkleid schimmert in zarten Regenbogenfarben.
Und sie ist ganz durchsichtig!"

„Tanzt dein Elfenmädchen?" fragte Elsa.

„Nein! Es steht nur da und winkt uns zu!"
Julchen und ihre Mutti winkten zurück.

„Sagt es denn gar nichts?"

Julchen wollte eben den Kopf schütteln, als die Elfe
zu sprechen begann:

„Gebt acht, daß ihr euren Großvater nicht weckt!
Er träumt sich ins Land der goldenen Sonnentempel."

„Was ist das für ein Land?" fragte Julchen.

„Atlantis", sagte die Elfe und der Lindenblüten-
kranz in ihrem Haar strahlte so hell wie die Sonne.
Und wenn das Elfenmädchen den Kopf bewegte, läu-
teten viele wundersame Glöckchen.

„Was ist?" fragte die Mutter, die zwar die Fragen
ihres Kindes vernahm, nicht aber die Antworten der
Baumelfe. Julchen erzählte, so gut sie es vermochte.

„Was ist mit Großpapa, Julchen! Sieh nur! Ist er tot?!"

„Du hast ja Angst", stellte das Kind fest. „Aber das brauchst du nicht! Der Erdenleib ist bloß ein Kleid, Mutti. In diesem Kleid steckt ein feineres Kleid. Darin sieht man dann aus, wie die Elfe im Baum, so leicht und durchsichtig. Erst in dieser feinen Hülle steckt der wirkliche Großpapa! Er wird niemals aufhören zu leben! Das kannst du mir glauben!"

„Aber er ist doch schon alt, Julchen!"

„Der allerinnerste Großpapa wird niemals alt! Nur das Kleid! Verstehst du das nicht?!"

„Richtig!" bestätigte die Baumelfe.

„Kannst du aus dem Baumstamm heraus?" fragte Julchen.

„Doch, doch! Aber ich möchte mich nicht allzuweit von meinem Haus entfernen! Verstehst du?"

„Ja. Du solltest dich aber trotzdem ein wenig bewegen! Tanzt du nie?"

„Manchmal. Meistens schwebe ich um den Baum herum. So!"

Es war wunderbar anzusehen, als das Elfenmädchen in die Krone des Lindenbaums entschwebte. Da saß es nun auf einem Zweig: leuchtend, durchsichtig und leicht wie eine Feder. Das konnte man sehen und spüren.

„Ich kann durch dich hindurchgucken", sagte Julchen. „Muß das schön sein, so schweben zu können!"

„Jeder hat seine Aufgabe: ich als Elfe, du als Menschenkind! Wir wollen sie bestens erfüllen, Prinzeßchen! Alles zur Ehre und zum Lobpreis Gottes!"

„Ja! Das hast du schön gesagt. Trotzdem möchte ich so schweben können wie du!"

„Ich gebe ja zu, daß ihr in eure Körper wie in eine ägyptische Mumie eingewickelt seid!" sagte die Baumelfe.

„Was ist eine Mumie?" wollte Julchen wissen. Aber die Elfe meinte, diese Erklärungen würden zu weit führen. Sie solle gelegentlich einmal ihren Großpapa fragen. Der wüßte das schon. Julchen gab sich zufrieden. Ein Blick auf ihren Großvater zeigte, daß er noch immer tief schlief.

„Je älter ihr Menschenkinder werdet", fuhr die Elfe fort, „desto mehr verwächst euer Lichtleib mit dem irdischen Körper. Ihr steigt ins Dunkel hinab. Aber ihr müßt das Licht suchen! Das ist eure Aufgabe! Achte darauf, daß du deine himmlischen Augen nie ganz verlierst, Prinzeßchen! Viele Menschen brauchen dich! Hilf ihnen, das Licht zu finden, nicht nur für sich selbst, sondern auch für die Pflanzen und die Tiere. Du sollst Schneewittchen erwecken und Rotkäppchen wieder auf den rechten Weg führen. – Wenn ihr Menschen doch begreifen würdet, wie wahr Märchen sind!"

Julchen verstand nicht alles was die Elfe da erzählte. Aber sie nahm sich vor, auch darüber mit Großpapa zu sprechen! Ach, Großpapa! Wie lieb sie ihn doch hatte!

„Sieh nur!" rief die Baumelfe, „dein Großpapa kommt wieder zurück aus dem Land der goldenen Tempel!"

Ein Ruck ging durch Viktors Körper. Er bemühte sich, die Augen zu öffnen. Es gelang nur mühsam.

„Wo bin ich?" fragte er. Seine Stimme klang fremd.

Julchen befreite sich aus Muttis Umklammerung und lief zu ihrem Großvater.

„Warte, mein Kind!" sagte er und schloß die Augen noch einmal. „Ich muß versuchen, diesen Traum festzuhalten. Er darf mir nicht entwischen!"

Julchen wartete geduldig.

Als Viktor die Augen endlich wieder aufschlug bat die Kleine: „Sieh mich an, Großpapa!"

„Diese Augen, kleine Julia! Sind sie nicht Nofrets Augen?! Wer seid ihr? Zwei oder eine?!"

„Ich dachte schon, du kommst nie wieder zurück aus deinem Traumland, Vater!" sagte Elsa und ihre Stimme zitterte ein wenig. Auch sprach sie sehr leise, weil sie Angst hatte, die feinstofflichen Visionen durch laute Worte zu zerstören.

„Ich war in Atlantis", sagte der Großvater, noch immer traumumfangen. „Und – Julchen und Nofret haben dieselben Augen!"

„Wer ist Nofret?"

„Mein schöne Mutter auf Atlantis!"

„Um Himmels willen, Viktor!"

„Ein Traum, Elsa! Ein Traum? Oder ist es Wirklichkeit?! Ich weiß es nicht! – Es schlummert in den Tiefen der Seele ein zartes Ahnen vergangenen Seins. Aber die feinen Fäden, die zurückführen, werden im Trubel der Sinnenwelt immer wieder zerrissen. Nur selten gelingt es, diese Erinnerungen lebendig werden zu lassen!"

Julchen stand noch immer vor ihrem Großvater und blickte ihn aus ihren großen, leuchtend braungrünen Augen erwartungsvoll an. Ihre Hände lagen auf seinen Knien.

„Ich wußte", sagte Viktor und seine Stimme schien von weit her zu kommen, „daß ich hier auf der Terrasse saß. Zugleich fühlte ich mich aber um Tausende Jahre zurückversetzt und erkannte, daß es gar keine Zeit im üblichen Sinne gibt. Ein seltsamer Zustand! Ich erlebte gestern als heute und morgen zugleich."

Viktor schwieg. Elsa wagte sich kaum zu rühren. Auch Julchen war ganz still.

„Ich sah ein wundervolles weites Land!" fuhr der Großvater nach einer Weile fort. „Reife Getreidefelder, saftige Wiesen, tiefgrüne Wälder, übervolle Obstbäume, Trauben in Hülle und Fülle. Schmetterlinge in vielen Farben! Tiere aller Gattungen. Da herrschte völlige Harmonie auf jeder Ebene. So muß es im Paradies gewesen sein!"

„Hast du auch dich gesehen in deinem Traum?" fragte Elsa.

„Ja. Ich war jung und hochgewachsen. Ein Forscher. Man nannte mich Vin."

„Ein seltsamer Name!"

„Da war auch eine Stimme", erzählte Viktor, „die wie ein Echo von weit her zu kommen schien. Und sie stellte Fragen!"

„Was fragte sie dich?" wollte Elsa wissen.

„Zuerst rief sie immer wieder meinen Namen. Ich stand draußen in dieser gottvollen Umgebung und schaute hinauf zu dem großen weißen Haus auf der Anhöhe. Ich wußte, daß es mir gehörte. Da war eine weite Terrasse mit einer Marmorballustrade. Das Haus stand in einem riesigen Park mit uralten, knorrigen Bäumen. Ich stieg auf die Anhöhe hinauf. Noch ehe ich ins Haus trat, wußte ich, wie es drinnen aussehen würde. Am Ende des großen Tisches stand eine wunderschöne junge Frau: Nofret. Sie blickte mich genauso an, wie es Julchen jetzt tut."

„Aber Viktor! Das bildest du dir ein!"

120

Viktor seufzte. Sein Blick verlor sich in der Ferne.

„Am Tisch saß meine Familie", sagte er. „Die Kinder, Eltern, Geschwister, Großeltern bis hinunter zu den Urururgroßeltern. Alter spielt auf Atlantis keine Rolle. Alle bleiben frisch bis in die höchsten Jahre. Der Mensch auf Atlantis fühlt sich geborgen in Gott und weiß sich versorgt von seiner geliebten Erdenmutter! Was sollte ihn bekümmern?!"

„Eines Tages stirbt auch ein Atlanter!" sagte Elsa. „Hat er keine Angst vor dem Tod?"

Viktor fuhr fort: „Eben dies fragte mich die Traumstimme und ich weiß noch genau, was ich geantwortet habe."

„Sag schon!" drängte Elsa.

„Angst kennen wir nicht! Der Tod ist für uns eine schöne Erfahrung. Einfach ein Hinübergehen in eine andere Ebene. Drüben gibt es viele Verwandte und Bekannte. Hüben wie drüben sind alle glücklich. Zu gegebener Zeit wird gewechselt. Das geschieht solange, bis wir alle unsere Lebenslektionen gelernt haben! Trennung im üblichen Sinn gibt es nicht! Denn hier auf Atlantis leben wir vor allem aus dem Geiste!"

Viktor schwieg. Elsa wagte keine weiteren Fragen. Julchen stand noch immer vor ihrem Großvater und schaute zu ihm auf.

Noch heute gehe ich in die Bücherei, nahm sich Elsa vor, mal sehen, was es da über Atlantis nachzulesen gibt!

Nach einer Weile erhob sich Viktor aus seinem Stuhl. Er nahm seine Enkelin an der Hand und zog sie mit sich fort.

„Laß uns ein wenig über die Wiesen wandern, Prinzeßchen!"

„Ja, Großpapa! Aber erst verabschiede ich mich von der Lindenblütenbaumelfe. Ich habe sie völlig vergessen!"

Die Elfe saß noch immer in der gewaltigen Krone.

„Schon gut", sagte sie freundlich, „das war ein bißchen viel für euch drei. Ihr könnt einfach nicht begreifen, daß es in der Wirklichkeit keine Zeit gibt! Nur das Jetzt!"

„Es ist aber auch schwer zu verstehen", sagte Julchen.

„Stell dir ein Buch vor, Prinzeßchen. Du schlägst es auf. Die aufgeschlagenen Seiten sind das Jetzt, der Augenblick! Die Blätter vorher die Vergangenheit und die Blätter dahinter die Zukunft. Schlägst du das Buch zu, sind sie alle eins!"

„Das werde ich mir merken", sagte Julchen. „Aber ich habe keine Schwierigkeiten mit der Zeit!"

„Das glaube ich dir gerne. Schwierigkeiten gibt es erst, wenn das Körperkleid alt wird. Und – weil die Menschen die Wahrheit nicht kennen. – Jetzt geh mit deinem Großpapa! Gute Erholung euch beiden!"

Julchen winkte.

Die Baumelfe schwebte zurück in den Stamm und ward unsichtbar.

Zurück blieb eine nachdenkliche Elsa Werthen.

Die Pfingstrosenelfen

Wenn Du Dir die Namen der vielen Blumen die es gibt vorstellst, so merkst Du, daß Du vom Namen oft einen Hinweis auf das Aussehen oder die Wirkung der jeweiligen Blüte bekommst. Oder auf die Zeit, in der sie blüht.

So ist es zum Beispiel bei der Pfingstrose. Sie entfaltet ihre Knospen meistens rund um das Pfingstfest.

Sie gehört zu den ganz alten Blumen. Für die Kaiser von China war sie lange Zeit das Symbol. Bei uns blüht sie in jedem Bauerngarten. Heilkräftig ist nur die Wurzel. Blätter und Blüten sind zwar schön anzusehen, aber giftig.

Das soll Dich aber nicht davon abhalten tief einzuatmen, wenn Du an einem Stock vorbeigehst. Manche Sorten riechen geradezu betäubend.

124

PFINGSTROSE

Ein warmer, strahlender Pfingstsonntagnachmittag!
Tante Grete und Viktor Werthen luden zur Jause.
Unter dem großen Nußbaum, zwischen Blumenbee-
ten und Sträuchern wurden einige Tische aufgestellt,
denn der Kreis der Positivdenker wuchs und wuchs.
Friede, Freude, Harmonie und die Liebe zu allem und
jedem stand diesen Menschen in den Gesichtern
geschrieben. Ihnen war es gelungen, ihre gefesselte
Seele zu befreien! Und all die Mühe der vergangenen
Wochen und Monate hatte sich gelohnt.

Pfingsten! Überall ist der Geist auf besondere Weise
spürbar. Eine geheimnisvolle Kraft durchströmt in
diesen Tagen Mensch, Tier und Pflanze. Und wer zu
horchen versteht, hört Tiere sprechen und Bäume
flüstern! Blumen öffnen weit ihre Kelche! Dazu das
unbeschreibliche Aroma von frisch gemähtem Gras
und duftendem Heu! Traumhafte Wohlgerüche ent-
schweben in den Äther! Zu keiner anderen Jahreszeit
fühlen die Menschen deutlicher, wie wichtig es ist, die
Schöpfung als Ganzes zu betrachten. Nur gemeinsam
sind wir imstande, in eine hellere, leidlose Welt hin-
einzuwachsen. Kein Grashalm darf ausgeschlossen
sein! Alle Großen dieser Erde pflegten eine enge
Beziehung zu Tier und Pflanze, denn nur wer a l l e s
bejaht, ist imstande, Gott nahe zu sein!

Die dunkelroten, weißen und rosafarbenen Pfingst-
rosen in Tante Gretes Garten strotzten geradezu vor
Lebensfreude. Die leuchtenden Farben lockten Bienen, Hummeln und Schmetterlinge. Wer zu sehen
verstand, mußte bei diesem Anblick selbst überströ-
men in Liebe zu dem, der diese Wunder erdachte. Der
Herr offenbart sich in vielen Formen und auf verschiedene Weise. Doch nirgends zeigt sich die Fülle seiner

Schönheit und Güte in solchem Maße wie in den Blumen. Wer i h r e Schönheit nicht erkennt, erkennt auch den Schöpfer nicht!

Auch Tante Gretes Gäste fühlten das Besondere an diesem Nachmittag. Glücklich saßen sie zusammen, sprachen über dies und jenes und tauschten Erfahrungen aus.

Julchens Entdeckungsreise im Garten endete schließlich bei den Pfingstrosensträuchern. Die tanzenden Elfen hießen sie freudig willkommen. Allerliebst sahen sie aus in ihren schimmernden roten, rosa und weißen Wolkenkleidchen! Die tanzenden Püppchen leuchteten aus ihrem Innern und der helle Schein strahlte über ihre durchsichtigen Körper hinaus. Auf den Köpfchen trugen sie Stirnbänder aus Sternsaphiren, geformt von winzigen Tautröpfchen.

Julchen selbst sah heute aus wie eine Pfingstrose, in ihrem rot-weiß-rosa Spitzenkleidchen!

„Wie schön ihr seid!" rief die Kleine ein übers andere Mal. „Wie wunder-, wunder-, wunderschön! Wenn ich euch bloß sagen könnte, wie lieb ich euch habe!"

„Wir wissen es auch so!" riefen die Piepsstimmchen und schwebten und tanzten über den Sträuchern inmitten von Bienen, Hummeln und Schmetterlingen. Solch überschäumende Lebensfreude konnte nur göttlich sein! Und da heute Pfingstsonntag war, die Einstrahlung des Geistes stärker als an anderen Tagen, hörte Julchen sogar Sphärenmusik.

„Hörst du, Prinzeßchen?" fragte ein Rosapüppchen.

„Ja!!" jauchzte die Kleine und begann sich zu drehen. „Seht nur, was ich in den Ballettstunden gelernt habe!" Und Julchen tanzte und tanzte mit den Elfen um die Wette zur Ehre und Freude des Höchsten!

Nach einer Weile war die Kleine rechtschaffen müde. Aber die Elfen tanzten noch immer, leicht und schwerelos.

„Werdet ihr denn nie müde?" fragte Julchen ein wenig traurig.

„Nein! Wir haben keine grobstofflichen Körper!" riefen die Lichttröpfchen.

„Ach ja", sagte Julchen, „das vergesse ich doch immer wieder!"

„Ruhe dich aus", riet ein Piepsstimmchen. „Setz dich hier auf den Stein! Heute ist Pfingsten! Da kannst du nämlich auch die Tiere sprechen hören! Gib acht!"

„Guten Tag", sagte ein Marienkäfer, der an Julchens rechtem Bein hochkrappelte.

„Bist du niedlich!" rief Julchen und vergaß beinahe ihre Müdigkeit. „Das kitzelt, wenn du so schnell läufst!"

Das Rotröckchen mit den schwarzen Punkten streckte die Flügel und schwebte auf Julchens Arm.

„Ich habe einen Freund", erzählte das Käferchen, „er ist größer als ich, hat lange Fühler und ein glänzend braunes Kleid. Seine Mußestunden verbringt er in einem Erdloch, damit ihn die Amsel nicht findet."

„In einem Erdloch ist es doch finster und kalt! Ist das nicht sehr unangenehm für deinen Freund?" fragte Julchen.

„Braunchen ist ein besonderer Käfer und sehr schlau! Er hat sich sein Loch so geschickt gegraben, daß die Sonnenstrahlen schräg hineinfallen."

„Dann ist es ja gut", sagte Julchen. „Aber warum will die Amsel dein Braunchen unbedingt fressen?!

128

Das finde ich wirklich nicht schön von ihr!"

„Huihui ist äußerst gefräßig! Wir alle müssen uns vor ihm in acht nehmen! Man kann seine Freiheit nicht nach Herzenslust genießen mit dieser ständigen Angst hinter den Flügeln!"

„Eines Tages wird es keine bösen Menschen mehr geben", belehrte Julchen. „Dann gibt es auch keine Angst mehr!"

„Die Menschen?! Ehrlich gesagt, ich halt nicht viel von ihnen! Unsereins findet ja kaum noch Läuse, weil diese Ungeheuer überall Gift verspritzen! Wovon sollen wir leben?!"

„Ach ja", sagte Julchen, „Großpapa, Tante Grete und alle, die dort drüben sitzen, tun ihr Bestes! Aber erst werde ich einmal mit Huihui reden, damit er dir nichts zuleide tut!" Und Julchen rief nach der Amsel.

Gleich kam sie angesegelt und landete im Gras. Julchen hielt rasch ihre Hand über den Marienkäfer.

„Ich tue ihm nichts! Er ist doch dein Freund! Ich fresse nur Ungeziefer. Das muß sein!" sagte die Amsel schnippisch.

„Dann sind wir ja verwandt", hüstelte das Käferchen und kroch unter Julchens Hand hervor. „Frißt du mich auch wirklich nicht, Huihui?"

„Ein Mann, ein Wort!" sagte die Amsel und schwang die Flügel, so daß es Rotröckchen beinahe fortgeblasen hätte.

„Verwandt sind wir deshalb", piepste Rotröckchen, „weil ich derselben Beschäftigung nachgehe. Ich verzehre Läuse. Ich bin ein sehr nützliches Tier!"

„Schon gut, schon gut!" sagte Huihui. „Nützlich sind wir alle! Auch die Läuse!"

„Waaas?"

„Ist doch klar, du Dummerchen! Gäbe es keine Läuse, müßtest du und deinesgleichen verhungern!"

„Wie wahr, wie wahr!"

„Ich finde es trotzdem nicht nobel, daß einer den anderen auffrißt. Aber bis ein neuer Himmel und eine neue Erde entsteht, muß es wohl so sein!" sagte Julchen.

„Es ist alles sehr weise eingerichtet", plauderte Huihui, „wir brauchen uns niemals Sorgen zu machen, wenn die Menschen nicht dazwischenfunken! Mit ihrem sogenannten Verstand bauen sie meistens Mist!"

„Julchen ist doch auch ein Mensch!" protestierte der Käfer.

„Sie ist anders! Wir könnten uns sonst nicht mir ihr unterhalten. Aber das ist zu hoch für dich, Rotröckchen!"

„Ja", hauchte das Käferchen ergeben.

Die Amsel drehte ihr Köpfchen hin und her und her und hin, beguckte Julchen von oben bis unten, hüpfte dahin und dorthin.

„Wie schön du bist! Dein glänzend-schwarzes Gefieder und diese leuchtenden Äuglein! Bist du glücklich, Huihui?"

„Das ist doch selbstverständlich!" sagte die Amsel und plusterte ihr Gefieder. „Gott will, daß seine Geschöpfe in einem wonnevollen Zustand leben. Wir durften ihn behalten. Nur der Mensch in seinem Unverstand war nicht zufrieden. Und nun versucht er, Zeitalter für Zeitalter, diesen Zustand der Harmonie und des Glücks, den er so leichtfertig für eitlen Tand von sich warf, wieder zurückzugewinnen!"

„Über so viel Dummheit kann ich nur die Flügel

130

schütteln", meinte Rotröckchen.

„Hast du denn keine Feinde, Huihui?" fragte Julchen.

„Klar doch, klar doch! Aber ich bin in Gottes Hand! Was ist schon dabei, ab und zu in ein anderes Erdenkleid zu schlüpfen?! Oder wißt ihr am Ende gar nicht, daß Leben niemals endet!"

„Du bist sehr weise, Huihui!" lobte Julchen.

„Ich denke nicht an den Tod", sagte die Amsel. „Warum sollte ich an etwas denken, das es gar nicht gibt?! Aber die Verstandesmenschen begreifen das nicht oder höchst selten! Ich genieße mein Leben! Ach, es ist herrlich, einfach wunderbar, durch die Lüfte zu fliegen, auf Bäumen zu hausen, Mücken und Fliegen im Flug zu fangen oder im Gras nach Würmern und Käfern zu suchen. Die schmecken vorzüglich!"

Julchen drohte Huihui mit dem Zeigefinger.

„Ich verdufte lieber", sagte der Marienkäfer mit einem kaum vernehmbaren Piepsstimmchen. „Es ist ein ungutes Gefühl, das sich in meiner Magengegend bemerkbar macht! Auf Wiedersehen, Julchen!"

„Halt!" rief die Amsel. „Was soll dieses Mißtrauen! Ich habe versprochen, keine Marienkäfer zu verspeisen!"

„Können wir dir wirklich vertrauen?" fragte Julchen.

„Versprochen ist versprochen! Marienkäfer verschone ich! Die Kleine braucht sich wirklich nicht so hysterisch aufzuführen!"

„Jetzt bist du beleidigt!" sagte Julchen.

„Wer wird schon gern als Lügner hingestellt?" fragte Huihui und flog fort, ohne sich zu verabschieden.

Von der anderen Seite brummte eine Hummel heran.

„Streck deinen Finger aus, Prinzeßchen, damit ich landen kann!" rief sie.

Julchen tat, wie ihr geheißen.

„Du bist wunderschön, Brummelchen! Ehrlich! Deine Flügel sind so durchsichtig und schimmern in den Regenbogenfarben, wenn das Licht richtig fällt. Ehrlich gesagt, es wundert mich, daß diese kleinen Füße deinen dicken Körper tragen können?!"

„Es paßt alles! Ich fühle mich wohl, das kannst du mir glauben. Soll ich dir etwas vormusizieren?"

„O ja, bitte!"

Da rieb die Hummel ihre Flügel aneinander.

„Schön", lobte Julchen. „Wirklich!"

„Das Leben ist herrlich! Macht es dir auch so viel Spaß?" fragte der Brummer.

„O ja, es ist wirklich wunderschön! Hast du einen Großvater?"

„Einen Großvater? Darüber habe ich noch nicht nachgedacht", sagte die Hummel. „Bei uns sieht das nämlich ein wenig anders aus, als bei euch Menschenkindern. Irgendwie habe ich wohl auch einen Großvater. Aber ich finde das nicht so wichtig, verstehst du?"

Das konnte Julchen nicht verstehen! „Such dir einen Großvater, Brummelchen! Du kannst dir nicht vorstellen, wie schön das ist!"

„Eine Blume bedeutet mir mehr", sagte die Hummel. „Du hast ja keine Ahnung, wie verliebt sie in mich sind! Ich kann unmöglich allen Einladungen nachkommen. Stell dir vor, der Luzernklee ist auf mich allein angewiesen. Kein anderes Insekt kann ihn bestäuben. Nur mein Rüssel ist lang genug. Ach, ich könnte dir stundenlang Geschichten erzählen! Aber trotz der vielen Arbeit genieße ich mein Hummelleben in vollen Zügen!"

„Seit der Angeber da ist, beachtest du mich überhaupt nicht mehr!" piepste Rotröckchen.

„So darfst du das nicht sehen", sagte Julchen beschwichtigend. „Ich habe dich sehr lieb, Marienkäferchen! Das sollst du mir glauben!"

„Dann ist es ja gut!"

„Wer flüstert denn da?" fragte der Brummer.

„Du läßt Rotröckchen einfach nicht zu Wort kommen! Sie ist so klein und zart. Ihre Stimme ist nicht so kräftig wie deine."

„Entschuldige vielmals! Das ist mir peinlich. Ich habe das Kleinchen gar nicht gesehen!"

„Das Kleinchen! Ich bin ein ausgewachsener Marienkäfer mit sieben Punkten! Das ist eine heilige Zahl!"

„Ist ja schon gut", beschwichtigte Brummelchen. „Setz dich auf Julchens Finger. Dann bist du nicht so leicht zu übersehen. Ich fliege auf die Blume da."

Nun war Rotröckchen wieder zufrieden.

„Soll ich meine Rede fortsetzen oder wollen wir nur schweigend zusammensitzen?" fragte die Hummel.

„Rede schon!" riefen Julchen und Rotröckchen wie aus einem Munde.

Die Hummel fühlte sich geschmeichelt.

„Wie schon gesagt", fuhr sie fort, „ich finde das Leben herrlich! So ein Tag vergeht im Flug. Die Nacht bricht immer viel zu früh herein. Ich liebe meine Arbeit! Aber man braucht eben auch seine Ruhe und seine Träume. Denn so unvernünftig wie die Menschen werden wir wohl niemals sein! Sie machen die Nacht zum Tag! Hören nicht auf den Ruf der Natur! Und dann wundern sie sich auch noch, wenn sie unglücklich und krank sind! Es ist abscheulich, was sie sich alles ausdenken, um die Erde, uns Tiere, die Pflanzenwelt und schließlich sich selbst zu zerstören! Und das nennen sie Verstand haben! Daß ich nicht lache!"

„Wahrscheinlich möchten sie die Welt verbessern!" piepste der Marienkäfer.

„Aber warum denn? Es ist doch alles gut! Sie brauchen nur glücklich zu sein!" sagte die Hummel mit Nachdruck. „Die Menschen sorgen sich um das Morgen und vergessen dabei, wie schön das Heute ist! Wir sind im Ewigen geborgen!"

„Aber nur, wenn wir es geschehen lassen, Brummelchen! Nur dann sorgt Gott für uns!"

„Sag ich ja. W i r lassen es geschehen! Warum tun es die Menschen nicht? Gelegentlich werde ich den lieben Gott fragen, warum er den Menschen einen Verstand gab, wenn sie ohnehin nichts Vernünftiges damit anfangen?! Das ist mir ein Rätsel! Weißt du es, Julchen?"

„Da müßte ich auch erst fragen", sagte das Mädchen. „Aber der liebe Gott tut bestimmt nichts Falsches!"

„Da hast du auch wieder recht! Aber jetzt wollen wir wieder fröhlich sein! Soll ich euch über meine Träume erzählen?" fragte Brummelchen.

„Es interessiert uns", hauchte Rotröckchen und Julchen nickte.

„Meine Träume – ach wartet! Ich setze mich auf dein Haar, Prinzeßchen!"

„Nein, da sehe ich dich nicht! Und du bist doch so schön!"

„Wirklich?"

„Es ist wahr", gab auch der Marienkäfer zu.

„Also, dann setz ich mich auf den Grashalm hier. Ich kann nur hoffen, daß kein Schuh daherkommt und mich zerquetscht!"

„Da bist du doch viel zu schlau, um dich zerquetschen zu lassen", sagte Julchen. „Und jetzt erzähl endlich!"

„Meine Träume sind ungeheuer!" nahm die Hummel ihren Bericht wieder auf. „Kaum lege ich mich zur Ruhe und schließe die Augen, entschwebe ich in ein wunderschönes Land. Die Blumen duften dort noch viel intensiver und ihr Nektar schmeckt noch köstlicher. Und alles strahlt und leuchtet! Die Wesen dort sind unbeschreiblich freundlich zueinander! Es gibt keine Ängste! Nur grenzenloses Glück!"

„Bist du nun am Tag glücklich oder in der Nacht?!" fragte Rotröckchen ein wenig ärgerlich. „Du widersprichst dir!"

„Das tue ich ganz und gar nicht, Kleinchen! Ich bin am Tag glücklich! Aber in der Nacht ist das Glück noch fühlbarer, verstehst du?"

Rotröckchen dachte nach.

„Weiß nicht recht", sagte es, „ich träume so selten. Und wenn, vergesse ich es auf der Stelle."

„Das ist Übungssache!" belehrte die Hummel. „Und jetzt habe ich Durst und der Magen kracht. Die Dunkelheit läßt auch nicht mehr lange auf sich warten! Adieu, euch beiden! Auf bald!"

„Du mußt dich ebenfalls sputen, Rotröckchen, damit du dein Nachtlager noch findest!" sagte Julchen.

„Dann auf Wiedersehen!" rief der Käfer. „Es war ein schöner Tag! Vergiß mich nicht, Prinzeßchen!"

Julchen winkte. Auch die Elfen hatten sich zurückgezogen. Die Gäste halfen Tante Grete. Der Großvater kam Julchen entgegen.

„Heute war es wunderschön, Großpapa! Für dich auch?"

„Wir alle hatten einen gesegneten Tag!"

Julchen schob ihre kleine Hand in die des Großvaters und blickte zu ihm auf.

„Hast du auch einen Verstand, Großpapa?"

Viktor Werthen fuhr herum.

„Das hoffe ich doch! Was soll die Frage, Prinzeßchen?"

„Brummelchen sagte, die Menschen würden ihren Verstand mißbrauchen, um tödliche Waffen und Gifte zu erfinden! Damit zerstören sie unsere Erdenmutter und sich selbst!"

„Ich weiß zwar nicht, wer dein Brummelchen ist, aber es hat recht! Wir sprechen ein andermal darüber. Komm, mein Kind, wir müssen nach Hause! Morgen ist Pfingstmontag! Da wollen wir gut ausgeschlafen sein!"

„Ja, Großpapa! – Brummelchen fliegt jede Nacht in ein wunderschönes fernes Land! In ein Land, das fern und doch so nahe ist!"

Die Herbstzeitlosenelfen

Was der Knollenblätterpilz unter den Schwammerln, ist die Herbstzeitlose unter den Blumen. Sie ist ganz und gar giftig.

Du kannst sie gerne ansehen, diese zarte lila Blüte, die im Herbst auf den Wiesen wächst und letzte Farbtupfer in die Landschaft malt, aber Du sollst sie eigentlich nicht angreifen.

Und wenn Dein kleiner Bruder oder Deine kleine Schwester diese Blüte anziehend findet, so alarmiere gleich Deine Eltern. Die Herbstzeitlose ist halt ein echtes Herbstkind. Bitter und nicht zu genießen. Und gerade deshalb von einer eigenartigen Anziehungskraft.

HERBSTZEITLOSEN

Es war ein Sommer, voll von wunderbaren Erlebnissen! Ein Sommer, ausgekostet von denen im Hause Brack bis zur letzten Blüte! Sie alle fühlten sich reich beschenkt! Voll von Lebensfreude und Kraft!

Doch alles ist Wandlung! Die berauschenden Düfte, die vertrauten Geräusche der Insekten, der Gesang der Vögel, die überströmende Fülle blühender Sträucher, der erfreuliche Anblick sommerlicher Wiesen, das Wunder wogender Getreidefelder, all diese Herrlichkeiten wurden abgelöst von brachliegenden Feldern, Kälte und Frost und einer vielsagenden Stille. Aber noch ein letztesmal zeigt sich die Natur in berückender Schönheit! Und wer imstande ist, einen sonnigen Herbsttag bewußt zu erleben, kann nur jubeln über die neu angekommene Pracht! Die eingefangenen Sonnenstrahlen in riesigen Baumkronen lassen den Überschwang an Gelb, Orange, Rot und Ocker aufstrahlen wie pures Gold! Soll das der Tod sein?! Gibt es ihn überhaupt? Oder ist es ein Zurückziehen der Lebenskraft, ein Ablegen unbrauchbar gewordener Zellen, ein Ausruhen, um zu gegebener Zeit das Leben in wunderbarer Weise erneut strömen zu lassen?!

Naturverbundene Menschen wissen um die unbedingte Notwendigkeit von Aktivität und bewußter Ruhe, um Körper und Geist leistungsfähig und gesund zu erhalten. Habt ihr schon einmal einen Indianer beobachtet – im Film vielleicht –, seine geschmeidige Gestalt, den federnden Gang, die Grazie, mit der er Hürden nimmt oder auf Bäume klettert?! Seine Ausdauer und den schier grenzenlosen Mut?! Da könnte einen doch der Neid anknappern! Oder etwa nicht?

Nun, ihr Lehrmeister ist die Natur! Indianer verstehen zu lauschen und nutzen die große Kraft, die aus der Stille strömt. Nur in der Stille kann auch die leise Stimme im eigenen Herzen vernommen werden. Wer ihrer weisen Führung folgt, wird grenzenlos frei sein! Nichts ist beglückender! Darüber nachzudenken lohnt sich. Wer aber nie zu lauschen gelernt hat, ist außerstande, dauerhaftes Glück zu erfahren, denn es kommt aus dem Inneren! Niemals – auf Dauer – von außen!

Grete Brack und Viktor Werthen saßen vor dem knisternden Kaminfeuer. Der Großvater schmauchte, wie immer in gemütlichen Stunden, sein Pfeifchen. Tante Grete klapperte mit den Stricknadeln. Aus dem Radio kam sanfte Musik. Dieser Raum war vollgestopft mit wohlwollenden, freudvollen und dankbaren Gedankenströmen, die auf Leib und Seele wie ein Heilbad wirkten.

Auch die beiden Leutchen vor dem Kamin wurden sich dieser Kraftquelle immer wieder von neuem bewußt. Tante Grete legte ihre Strickarbeit beiseite und schaute plötzlich ganz himmelblau drein.

„Fall mir bloß nicht in Verzückung!" rief der Großvater. „Es ist gerade so ungeheuer gemütlich!"

„Aber Viktor! Ich machte nur einen kleinen gedanklichen Ausflug in die Vergangenheit. Findest du nicht auch, daß die wenigen Jahre, die wir bewußt in Freude und Friede lebten, ausreichten, um die vielen nutzlosen zuvor wettzumachen?!"

„Doch! Es ist ungeheuer viel geschehen mit uns und in uns!" sagte Viktor. „Heute leben wir – in einem Meer von sanftem Frieden!"

Für eine Weile saßen sie schweigend zusammen.

„Viktor!"

„Ja, Grete?"

„Erinnerst du dich an unseren Ausflug in die Berge?"

„Und ob! Ich habe mich damals Gott unendlich nahe gefühlt", gestand der Großvater. „Diese wild-natürliche Schönheit! Grenzenlose Freiheit und über-schäumende Lebenslust!"

„Auch ich war völlig überwältigt. So muß es wohl im Paradies gewesen sein! – Was haben wir Menschen bloß aus unserer Erdenmutter gemacht? Wo immer wir sie in Selbstsucht auszunutzen begannen, reagierte sie mit Ablehnung und zog uns mit hinunter in kraft-lose Tiefen. Nun ernten wir, was wir gesät! Aber noch immer begreifen viel zu wenige, daß der Mensch sich ändern muß, um der Natur ihre Freiheit und Kraft zurückzugeben! Nicht auf den äußeren, auf den inne-ren Menschen kommt es an!"

„Eines Tages wird es soweit sein!" sagte Viktor. „Das Zeitalter der spirituellen Wahrheit ist angebro-chen und wird den Materialismus besiegen. – Ja, Grete, damals, dort oben! Es war wie ein Rausch!"

„Wie ein Rausch!" echote Tante Grete und begann erneut zu träumen.

„Wenn ich mich heute daran erinnere", sinnierte der Großvater, „spüre ich noch immer dieses prik-kelnde, reine Leben! Den kosmischen Atem, der von den Bergen, den Bäumen, den freien Tieren und dem kleinsten Wildblümlein ausströmte!"

„Weißt du, Viktor", sagte Grete, noch immer in Erinnerung schwelgend, „in dieser unberührten Natur erfühlte ich zum erstenmal die Einheit allen Lebens. Die Pflanzen- und Tierwelt empfand ich nicht mehr tieferstehend oder getrennt von mir. Ich erlebte in meiner Seele die Lust und Energie dieser freien Geschöpfe, empfing von ihrer Kraft und gab im Austausch meine Liebe und Bewunderung!"

„Nur wer gibt, kann auch empfangen", sagte der Großvater, der aufmerksam zugehört hatte. „Diejenigen nach uns haben es leichter. Eines Tages werden nämlich alle Menschen die Wahrheit begreifen, die frei macht! Frei, auch von Krankheit, Sorge und jeder Not! Dann werden die Körper leicht und jeder Tag voll von seligem Erleben sein! Julchen i s t ein Geschöpf dieses neuen, aufsteigenden, verheißungsvollen Zeitalters!"

„Wir beide werden die Herrlichkeit des Wassermanns wohl nicht mehr voll genießen", meinte Tante Grete. „Aber irgendwann und irgendwo sind wir alle wieder zusammen, um gemeinsam höherzuschreiten! Wir alle, die wir uns in diesem Leben so liebgeworden sind!"

„Das hast du schön gesagt", gestand der Großvater.

„Ich glaube fest daran!" Tante Grete zerdrückte verstohlen ein paar Tränen mit dem Handrücken. „Wenn Gott die Liebe ist – und so steht es in der Bibel – kann Liebe niemals vergehen! Niemals! Jede uneigennützige Liebe wächst, wird reiner, selbstloser, gotterfüllter, denn im Geistigen gibt es keinen Stillstand! – Nur manchmal..."

„...könnte einem das Grausen kommen, wenn man einen Blick in die Zeitungen wirft!"

„Ich lese kaum Zeitungen! Doch ab und zu kriege ich trotzdem etwas mit. Dann ist mir, als ob das Neue Zeitalter noch Lichtjahre entfernt sei!"

Viktor schüttelte heftig den Kopf.

„Wo Schatten, da ist auch Licht, Grete! Ein weiser

Mann hat einmal gesagt: ‚Nur wer im Licht steht, ist imstande, den Schatten zu bewegen!' "

„Uns ist es gelungen!" sagte Tante Grete. „Wir in unserer kleinen Welt haben Frieden und Glück gefunden! Es waren die schönsten Jahre meines Lebens!"

„Und all die wunderbaren Erlebnisse!" schwärmte Viktor. „Damals, unterm Lindenbaum, erinnerst du dich?"

„Und ob! – Ich hielt eine hellblaue Iris in der Hand. Urplötzlich fühlte ich, wie ihr Leben mit meinem verwoben war. Grenzenlose Ehrfurcht und Bewunderung ergriff mich. Ich begann zu weinen aus lauter Dankbarkeit und Freude! So etwas muß man erlebt haben! Worte nehmen dem Ganzen den Glanz und die Würde!"

„Ich verstehe dich, Grete, weil ich ähnliches erfahren durfte – damals am Bach!"

„Ach, ja!"

„Aber nun zurück zu dir! Ich fand dich unterm Lindenbaum, mit der Blüte in der Hand. Deine Augen waren rot und die Nase dick. Als ich dich sachte ansprach, fingst du derart zu schluchzen an, daß mir angst und bange wurde. Es dauerte eine ganze Weile, bis es mir gelang, dich einigermaßen zu beruhigen."

Tante Grete lachte. Sie war rundum glücklich. Und solch selige Erinnerungen genoß sie ganz einfach.

„Das Unendliche Bewußtsein in jeder Form zu akzeptieren und zu lieben ist eine Erfahrung von unendlicher Tragweite! Eigentlich müßte man das schon den Kleinkindern beibringen!"

„Darüber denke ich viel nach, Grete. Ich komme aber immer wieder zu dem Entschluß, daß man am

ehesten hilft, indem der eigene Höhenflug vorange-
trieben wird! Natürlich ist auch die äußere Hilfe von
großer Bedeutung."

„Trotzdem ist es irgendwie traurig, daß man geistige
Werte nicht weitergeben kann!"

„Jeder muß sie sich selbst erarbeiten", sagte Viktor.
„Ich finde das gerecht."

„Hat man aber begriffen, daß nur geistige Werte
dauerhaftes Glück zu geben imstande sind, fängt man
an, geliebten Menschen Wahrheiten aufzudrängen."

„Du weißt, wie falsch das ist! Da haben wir doch ein
paar böse Erfahrungen hinter uns, Grete!"

„Kann man wohl sagen!"

Julchen saß auf dem Teppich und betrachtete hingebungsvoll die Bilder im Märchenbuch. Der Großvater
und Tante Grete schauten ihr eine Weile zu. Dann
setzten sie ihre Gespräche wieder fort.

„Eines ist mir damals noch klargeworden, Viktor:
Gott liebt mich in dem Maße, wie ich imstande bin,
jede seiner Lebensformen zu lieben und zu achten, sei
es nun Blume, Baum, Insekt, Vogel oder Mensch!
Und je mehr Lebenselixier ich aus der Natur auf-
nehme, desto kraftvoller wird mein Dasein."

„Da steckt viel Wahrheit drin, Grete! Im Neuen
Zeitalter werden die Menschen eines ständigen Aus-
tausches mit der Natur fähig sein! Denn jeder Baum
und Strauch wird sich wieder frei entfalten in wildna-
türlicher Schönheit. Aber eben alles zu seiner Zeit!
Der Geist regelt die Dinge von innen her! Und dann –
für immer!"

Julchen kam an den Kamin.

„Ach ja", sagte sie, „für immer! Leben ist immer!
Versteht ihr das?"

„Doch, ja, Prinzeßchen!" sagte der Großvater.

„Ich habe oft beobachtet", plapperte das Mädchen, „wie ein Tierseelenkörper forthuscht, sobald er das Körperkleid ablegt. Er zieht einfach in ein größeres Haus."

„Das wissen wir, Prinzeßchen!"

„Dann ist es ja gut!" sagte Julchen. „Darf ich noch ein wenig auf die Wiese?"

„Was gibt es denn um diese Jahreszeit Interessantes auf einer Wiese?" wollte Tante Grete wissen.

„Die Herbstzeitlosenelfen!"

„Ooooh!"

„Komme aber zurück, ehe es dunkel wird!" bat der Großvater.

„Mach ich!" rief Julchen und lief hinaus auf die Wiese zu den weißen und lilafarbenen Herbstzeitlosen. Schon von weitem sah sie die leuchtenden Blüten. Als sie näher kam, hörte sie reinste Elfenmusik. Die Luft war voll von zarten Melodien und wundersamen Glöckchen. Und da waren sie auch schon! Die tanzenden Püppchen, allerliebst anzuschauen in ihren schillernden Wolkenkleidchen aus Blaßlila und leuchtendem Weiß.

„Seid ihr himmlisch!" rief Julchen. „Friert ihr denn nicht?"

„Aber nein, Prinzeßchen! Du vergißt immer wieder, daß wir keine grobstofflichen Körper haben und deshalb nicht frieren können!"

„Ach ja", seufzte Julchen.

Jetzt verstummte die Elfenmusik. Eine geheimnisvolle Stille breitete sich aus. Die schillernden Püppchen hatten aufgehört zu tanzen und saßen schweigend auf den Blüten.

„Was ist?" fragte Julchen besorgt.

Keine Antwort.

„Bald wird es schneien! Wo geht ihr hin, wenn der Frost die Blüten zerstört?"

„Mach dir um uns keine Sorgen!" sagte ein Elflein, das ganz vorne saß. „Wir ziehen unsere Lebenskraft einfach zurück. Das ist alles. Die Blüten, die du siehst, sind nur die Kleider, die wir wechseln. Das weißt du doch, Prinzeßchen?!"

„Aber ja!"

„Auch du ziehst dich ab und zu um! Oder etwa nicht?"

„Natürlich! Tante Grete ist da sehr genau!"

„Bist du deshalb eine andere, wenn du dich umziehst?"

„Natürlich nicht!"

„Na, siehst du!"

„Nächstes Jahr kommt ihr ja wieder! Ihr macht ganz einfach Urlaub, nicht wahr?"

„So ungefähr. Aber heute geht es nicht um uns, sondern um dich, kleine Himmelsblüte!"

„Um mich? Wieso?"

„Was auch geschieht, Prinzeßchen, im Reiche Gottes gibt es niemals Grund, verzagt zu sein!"

„Warum erzählt ihr mir das?" wollte Julchen wissen.

„Um dich auf einen neuen Lebensabschnitt vorzubereiten! Du wirst eine Zeitlang ohne uns auskommen müssen!"

„Ohne euch!!? Nein! Das geht nicht!" rief Julchen.

„Doch! Du wirst lernen, so zu leben wie alle anderen Menschenkinder, damit du sie später verstehen und ihnen besser helfen kannst! Wer niemals traurig war, Angst verspürte, Kummer erlebte – wie sollte so jemand seine leidenden Mitmenschen verstehen?!"

„Ihr seid niemals traurig!" sagte Julchen. „Wenn sich aber eure Lebenskraft in die Erde zurückzieht... Da ist es doch finster und hart!"

„Wir sind immer frei und voll überströmender Freude! Für uns ist es überall hell und es gibt auch keine feste Materie. Wir können uns mit allem Leben vereinen, denn alles Leben ist eins. Nur ihr Menschen glaubt euch getrennt! Aber das ist Unwissenheit!"

„Ich möchte gerne alles wissen!" rief Julchen.

„In wenigen Jahren wirst du eine ganze Menge neuer Erfahrungen gesammelt haben und vielen Menschen auf wunderbare Weise raten und helfen. Deshalb mußt du jetzt tapfer sein!" rieten die Elfen.

„Ich will ja gerne alles tun", gestand Julchen. „Aber warum fühle ich mich plötzlich so sonderbar?!"

„Weil sich deine Seele jetzt inniger mit dem Körper verbindet", sagte ein Elflein.

„Werde ich euch deshalb nicht mehr sehen?"

„Ja. Aber auch, weil dich die Kinder in der Schule verspotten und verlachen würden. Sie glauben nämlich nicht an Elfen!"

„Das verstehe ich nicht!" rief Julchen und begann zu weinen.

„Beruhige dich! Wir sind trotzdem da! Das darfst du nie vergessen!"

Julchen verstand die Welt nicht mehr.

„Ohne euch werde ich nie wieder fröhlich sein können", schluchzte sie. „Ihr dürft mich nicht verlassen!"

„Willst du nicht doch tapfer sein, Prinzeßchen?! Denke immer daran, was wir dir gesagt haben: Du mußt lernen, genauso zu leben wie alle anderen Menschenkinder, damit du ihnen nach deiner Ausbildung besser helfen und raten kannst!"

„Ja", sagte das Kind unter Tränen. „Es ist unendlich traurig!"

„Habe Mut! Du mußt da hindurch! Von heute an wirst du mehr in der grob- als in der feinstofflichen Welt leben! Aber nicht für immer! Du brauchst das alles zu deiner Reifung! Später wirst du Fähigkeiten entwickeln, von denen du heute noch keine Ahnung hast! Also, laß den lieben Gott nur machen! Er hat dich lieb!! Oder glaubst du etwa nicht mehr daran?"

„Doch", sagte Julchen ergeben. Dann drückte sie rasch beide Hände auf ihre Brust. So, als wollte sie versuchen, den lieben Gott in ihrem Herzen festzuhalten.

„ER wird immer in dir wohnen, Prinzeßchen!" riefen die Elfen.

„Ist ja schon gut", schluchzte Julchen und wischte die Tränen fort.

„Glaube an IHN!"

„Warum soll ich glauben, was ich weiß!?" rief Julchen.

„Wie recht du hast!" sagte ein Elflein und tanzte an Julchens Nase vorbei. „Dieses Wissen wird dir niemals verlorengehen, Prinzeßchen!"

Julchen nickte.

„Werde ich nie wieder Elfen sehen?!"

„Doch, doch! Später! Aber erst kommt deine Ausbildung!"

„Warum kann ich..."

„Hör auf zu fragen, Julchen! Gott weiß immer, was er tut!"

„Kann MEIN LIEBER GOTT denn wollen, daß ich traurig bin?" fragte Julchen.

„Gott will, daß du dich immerzu freust!"

„Wie kann ich mich freuen, wenn ich MEINEN LIEBEN GOTT nicht mehr reden höre und euch nicht mehr sehe?!"

„Es ist nur vorübergehend!" riefen die Elfen und schwebten wieder einmal ganz nahe an Julchen heran. „In einigen Jahren wirst du zu einem wunderschönen Mädchen herangewachsen sein! Dein inneres Licht und der Liebreiz deiner äußeren Gestalt wird Menschen anziehen wie Nektar die Bienen!"

„Ich kann nicht so weit nach vorne denken", sagte Julchen.

„Das sollst du auch nicht! Lebe nur dem Augenblick, dann wirst du auch in Zukunft glücklich sein!"

„Es ist sonderbar", klagte Julchen, „MEIN LIEBER GOTT will, daß ich mich freue! Aber es tut so weh da drinnen!"

„Das ist neu für dich! So etwas nennen die Menschen – Schmerz. Aber wie schon gesagt: Auch da mußt du hindurch! Gott verläßt dich nie, Prinzeßchen! Keine Sekunde! Auch wir werden um dich sein! Denke immer daran, und es wird dir helfen, die kommenden Jahre zu meistern!"

„Ich verspreche es!" sagte das Kind kaum hörbar.

„Eines Tages, Prinzeßchen, brechen deine Fähigkeiten von neuem hervor und Großes wird geschehen!"

„Mir ist so wirr", sagte Julchen.

„Gehe jetzt nach Hause!" rief ein Elflein. „Du frierst! Wir werden dich ein Stück begleiten. Das heißt, du wirst uns hören! Nicht mehr sehen! Glück auf, kleine Himmelsblüte!!!"

Julchen fühlte sich elend. Die Elfen waren verschwunden. Da machte sich das Kind auf den Heimweg, begleitet von dieser seltsamen Feenmusik. Da waren auch Glöckchen, so hell und zart, so übernatürlich schön, daß Julchen ganz einfach nicht mehr gar so traurig sein konnte.

„Wie wunderschön! Vielen Dank!" flüsterte sie.

„Gotteskinder haben niemals Grund zur Trauer", sagte eine Stimme. Es war aber keine Elfenstimme!

Julchen schaute sich um. Da war niemand. Nur die wundersame Musik erfüllte noch immer die Luft ringsum. Plötzlich begann eine neue Energie ihren kleinen Körper zu durchrieseln. Sie blieb für eine Weile stehen. Faltete die Hände.

„Was immer du willst, MEIN LIEBER GOTT", sagte die Kleine, „will ich gerne tun. Auch wenn es mir schwerfällt! Du hast mich lieb! Ich dich auch! Ganz riesig! Darf ich dich trotzdem um etwas bitten, MEIN LIEBER GOTT!"

„Du darfst!" sagte die Stimme von vorhin.

Die zauberhafte Musik hing noch immer im Äther.

„Dann bitte ich dich, MEIN LIEBER GOTT", sagte die Kleine feierlich, „daß es in meinem jetzigen und ewigen Leben niemals eine Sekunde geben soll, in der ich DICH vergesse! Sonst bin ich mit allem einverstanden. Nur diese eine Bitte erfülle mir! Danke! Vielen Dank!" rief Julchen ganz schnell hinterher. „Nun habe ich schon gedankt!" sagte sie erleichtert. „Da kannst DU ganz einfach nicht mehr ‚Nein' sagen!"

Die Kleine horchte. Nichts. Sogar die Himmelsmusik war verstummt. Nebelschwaden zogen auf. Da lief das Kind nach Hause.

Großpapa und Grete saßen noch immer vor dem Kaminfeuer, als Julchen ins Wohnzimmer kam.

„Was ist los?!" riefen beide wie aus einem Mund.

„Ich werde keine Elfen mehr sehen!" sagte Julchen.

Tante Grete begann in ihre Schürze zu heulen.

„Seid nicht traurig", tröstete die Kleine. „Ich schaffe es schon!"

„Wie gerne würde ich all deine Bürde auf mich nehmen, mein Kind!" sagte der Großvater ergriffen. „Aber du mußt lernen! Was immer in den folgenden Jahren auf dich zukommt, dient deiner Entwicklung. Eines Tages, Prinzeßchen, wirst du imstande sein, wie der Phönix aus der Asche, allem Erdenleid zu entsteigen!"

„Wer ist der Phönix, Großpapa?" wollte Julchen wissen.

„Interessiert mich auch", sagte Tante Grete, nun wieder ein wenig beruhigt.

„Ein Wundervogel! Das Feuer konnte ihm nichts anhaben. Wie neugeboren entstieg er der Asche. Er ist ein Symbol für Reinheit und Unsterblichkeit!"

„So wird es auch mir ergehen", sagte Julchen.

„Aber das Feuer!" rief Grete.

„Mach dir keine Sorgen", bat die Kleine und schälte sich aus ihrem Pullover. „Ich werde niemals allein sein! MEIN LIEBER GOTT verläßt mich nicht!"

„Wie könnte er!" Tante Gretes Tränen liefen schon wieder.

„Wir dürfen uns nicht in eine negative Strömung ziehen lassen!" warnte der Großvater. „Sind wir doch dankbar für die Zeit, die wir zusammen in solch wundervollem Frieden und harmonischer Freude verbringen durften!"

„Und warum kann es nicht so weitergehen?" schluchzte Grete.

„Für euch ändert sich gar nichts", sagte Julchen. „Ich gehe zur Schule! Das ist alles!"

Es wollte trotzdem keine rechte Stimmung mehr aufkommen. Jeder fühlte: Ein neuer Lebensabschnitt hatte begonnen, der gemeistert werden mußte.

„Es wird eine Zeit kommen", prophezeite Julchen, „da werden kleine Mädchen und Buben nicht mehr traurig sein, wenn sie zur Schule müssen."

„Manche Kinder lieben die Schule", sagte Grete. „Aber die Ferien können sie trotzdem kaum erwarten!"

„Alles wird anders sein!" fuhr Julchen fort. „Alles! Einfach schön! Jedem ist es dann möglich, sich unaufhörlich zu freuen!"

„Gar nicht auszudenken!" rief Grete. „Aber diese Zeit ist wohl noch weit entfernt?!"

Julchen schwieg.

Der Großvater stand auf. Ging ans Fenster. Das Feuer im Kamin knisterte und knackste.

„Wie wird es wohl in zwanzig, fünfzig oder hundert Jahren auf unserer Erde ausschauen?! Werden die Menschen in Einheit mit der Natur und voller Liebe sein oder..."

„Halt!" rief Tante Grete, nun wieder ganz die Alte, „das wollen wir erst gar nicht zu Ende denken. Der Geist hat seine Herrschaft angetreten. Daran gibt es keinen Zweifel. Laßt uns auf eine wundervolle Zukunft hoffen! Auch wenn wir beide, Viktor, nicht mehr dabeisein dürfen – in diesem Kleid!" fügte sie hinzu.

Es wurde Frühling in Schönenbach. Und es wurde Herbst. Immer und immer wieder.

Aus Julchen war Julia geworden. Eine junge Frau, schön über alle Maßen! Ein vollkommenes Geschöpf des Neuen Zeitalters, voll Liebreiz, Kraft und ausströmender Güte!

„Gibt es eine Erklärung für deine außergewöhnliche Schönheit, Julia?" wollte Sarah wissen. „Eine Erklärung, die auch ich verstehe?"

Julia lächelte.

„Willst du mir dein Geheimnis nicht verraten?"

„Doch, Sarah!"

„Ist es ein Rezept für jedermann?"

„Es kommt auf den einzelnen an!" sagte Julia.

Plötzlich war es wieder da: dieses Leuchten von innen heraus, das Julia so überirdisch schön machte! Sarah stand da wie gebannt. Grenzenlose Ehrfurcht und Bewunderung im Blick.

„Du mußt es mir nicht erklären, Julia", flüsterte sie.

„Ich will es gerne tun, Sarah! Es ist einfach und wunderbar in einem. Ich lebe, jede Sekunde, bewußt in der Göttlichen Gegenwart! Dies ist mein Geheimnis!"

Irgendwie war Sarah enttäuscht.

„Ich kann nicht nur an Gott denken, Julia. Schließlich habe ich einen Beruf, Freunde..."

„Liebe Gott in allen Wesen, Sarah! Tue alles für IHN! Dann lebst du auch mit IHM! Und es werden sich Wunder ereignen."

Sarah schwieg eine Weile. Dann ging sie ihres Weges. Doch Julia wußte: Eines Tages wird sie zurückkehren!

154

Wie es nun in Julias Leben weitergeht, erzählt das nächste Buch. Nur eines sei vorweggenommen: Im Laufe der Zeit wurde aus Julia – F e e !

Die Autorin Bernadette Raab

Die oberösterreichische Malerin und Autorin — Bernadette Raab — kam nach ihrem Sprachenstudium viel in der Welt herum und hielt sich auch lange in Deutschland und England auf.

In ihr Heimatland zurückgekehrt, unterrichtete sich an verschiedenen Schulen Englisch und Bildnerische Erziehung.
In der Ölmalerei gilt ihre besondere Liebe den Blumen: „Sie haben die stärkste Aussagekraft als Boten der ewigen Liebe!" So lag es nahe, daß die Autorin ihre Erkenntnisse und Erfahrungen liebevoll in Blumenelfengeschichten verpackte.

Es gibt soviel zwischen Himmel und Erde, das wir weder sehen noch greifen können, trotzdem ist es! „Der Weg ins Licht" soll alle Kleinen und Großen darin bestärken, sich nicht immer mit einem Achselzucken über Dinge hinwegzusetzen, die mit den Stimmen nicht erfahrbar sind.

Es muß diese feinstofflichen Wesen geben, denn kein Mensch vermag sich etwas auszudenken, das Gott nicht zuerst gedacht hat.

Julchen steht hier für viele hellsichtige Kinder. Von den Elfen erfährt die Kleine die Grundwahrheiten des Lebens und gibt sie an ihre Umgebung weiter. Beachtenswert ist das innige Verhältnis zwischen Großvater und Enkelin. Ein verklärendes Licht liegt über den beiden. Dieses innige Zusammenklingen zwischen jung und alt wird auf anschauliche Weise geschildert.

Der Weg ins Licht ist auch als Textkassette erhältlich.

Herbert Baum liest
DER WEG INS LICHT
Textkassette, 90 Min. Stereo, Dolby
Für Menschen ab 8 Jahre

MÄRCHEN FÜR MÄRCHEN

Eine Einladung zum Fühlen . . .
Augenblick der Fülle

Wer hat sie nicht schon erlebt, die wunderbaren Momente, in denen man sich eins fühlt mit dem Universum? Es gibt sie nicht oft.
Und doch sind sie so natürlich, wie Sehen und Hören. Sie fließen aus den verschiedensten Quellen. Aus dem Gebet, aus dem Vorbild bedeutender Menschen, aus Glück wie aus Sorge, aus Gedichten, aus Geschichten, aus Märchen. Immer wieder aus Märchen. Erfinden kann man Märchen nicht. Sie sind den Träumen verwandt, den großen archetypischen Träumen von uns selbst. Märchen kommen nicht aus der Welt der Gedanken. Eine Seele schreibt sie nieder, und trifft damit die Seelen aller Menschen. Und so haben alle Märchen immer ein Thema, das alle betrifft: Den Fall des Menschen und sein Aufstehen, seine Verzauberung und seine Befreiung. Sein Hineintauchen ins Böse und seine Erlösung zum Guten.

Die Helden der Märchen sind immer sanfte friedvolle Zeitgenossen. Sie gehen achtsam und liebevoll mit ihrer Umwelt um. Im Märchen werden die Bösen, die Gewalttätigen, allemal von diesen Kleinen und Schwachen oder Dummen besiegt. Sie haben keine anderen Waffen als ihre Selbstlosigkeit, ihren naiven Kinderglauben und stecken gerade darum voller Intuition und Kreativität. Wer an sich glaubt, dem wird geholfen. Schöne Aussicht für eine bessere Zukunft . . .

Noch ein spirituelles Märchen aus unserem Verlag

Jutta Winter
SILVI BEIM MEERESKÖNIG

   Silvi wird ausgewählt, den Meeresbewohnern bei der Rettung
des Seeprinzen beizustehen. Eine zauberhafte Unterwasserwelt
tut sich auf. Jutta Winter versteht es meisterlich, Situationen
und Optik eines heilen Meeres darzustellen. Nach spannenden
Abenteuern, trifft Silvi schließlich auf die Seehexe. Abgelehnt,
einsam und häßlich haust diese in finsteren Tiefen. Sie hält den
Prinzen gefangen. Aber nicht, weil sie ihm etwas Böses antun
will. Die Tiefseehexe wartet auf die selbstlose Hilfe eines laute-
ren Kindes, um als Engel des Friedens auf die Erde zurückkehren zu können. Dieses positive Märchen werden nicht nur Kinder (ab 8 J.) genießen. Im einprägsamen Text wird die
Sinnhaftigkeit des Lebens und der Liebe eindringlich vermittelt.
Liebevoll war die ganze Produktion des Buches. Auf Spezial-
Umweltschutzpapier, mit umweltfreundlichen Druckfarben far-
big gemacht, ist es das erste nach ökologischen Grundsätzen
produzierte Buch seiner Art.

Silvi beim Meereskönig
farb. illustriert, kart. fadengeheftet, geb. 70 Seiten.
ISBN 3-926892-09-9

Auch dieses Buch gibt es als Textkassette
TEXTKASSETTE
90 Min. Stereo, Dolby
Erzähler: Herbert Baum

   Der Rohstoff für „Silvi beim Meereskönig" ist 100 % Altpapier, das sortiert vom Altpapiergroßhändler bezogen wird. Die
Papieraufbereitung erfolgt nicht chemisch, sondern thermisch-
mechanisch. Original Umweltschutzpapier entsteht durch Auf-
lösung des Altmaterials unter Wasserzugabe im Stofflöser, der
im Prinzip wie ein Küchenmixer funktioniert. Das Altpapier
wird zerfasert und zu Brei gerührt. Der stark wasserverdünnte
Brei wird anschließend in einem Refiner (früher Holländer)
schonend gemahlen und durchläuft dann eine mehrstufige Rei-
nigungsanlage.

Bei der chemischen Aufbereitung wird dem Altpapier in sogenannten Deinkinganlagen mit Hilfe von Chemikalien (Tensiden usw.) die Druckfarbe entzogen, wodurch einmal die Gewässer zusätzlich belastet werden, zum anderen ein giftiger Klärschlamm zurückbleibt, der auf die Mülldeponie wandert. Durch die chemische Entfärbung ist der Stoff so aufgehellt, daß die Fabriken dann häufig mit grauer Farbe „nachnuancieren" müssen, um den gewohnten Recycling-Grauton zu erreichen. Das Deinkingverfahren ist in jedem Fall mit zusätzlichem Chemikalien-Energie- und Wasserverbrauch verbunden. Die meisten auf dem Markt erhältlichen Recyclingpapiere haben eine Deinkinganlage durchlaufen, die Tendenz zur Installierung derartiger Anlagen in der Papierindustrie ist steigend.

Der Chemikalieneinsatz bei der Herstellung von Original Umweltschutzpapier ist minimal und nimmt sich, betrachtet man die Produktion von hochweißen Papieren, vergleichsweise sehr bescheiden aus. Bei Holzschliff- und Zellstoffpapieren kommen folgende Hilfsstoffe zum Einsatz: Bleichmittel, optische Aufheller, Füllstoffe wie Kaolin, Kreide, Calciumcarbonate, Titandioxyd, Kunststoffdispersionen, bei getönten und farbigen Papieren: Chemiefarben, bei gestrichenen Papieren zusätzlich noch Streichpigmente und Bindemittel.

Bei Original Umweltschutzpapier werden Kartoffelstärke und Naturholzleim (zum Beschreibbarmachen) eingesetzt.

Das Wasser spielt in der Papierindustrie eine entscheidende Rolle. Um nur ein Kilogramm Zellstoff herstellen zu können, benötigt man 2 Kilo Holz und 200 Liter Wasser, das dabei stark verschmutzt wird. Bei Einsatz von 100% Altpapier entfällt dies. Bei der Papierherstellung selbst ist der Wasserverbrauch in den letzten Jahrzehnten von ca. 200 l/kg auf durchschnittlich 20—50 l/kg gesenkt worden. Bei Original Umweltschutzpapier ist der Wasserkreislauf der Papierfabrik geschlossen. Es fällt kein Abwasser an, so daß damit nicht einmal eine Kläranlage belastet wird. Nur das Wasser, das in der Maschine durch die Papiertrocknung verdampft, muß dem Kreislauf als Frischwasser zugeführt werden, nur das Verdunstungswasser wird ersetzt. Das entspricht einem Wasserverbrauch von 1—1,8 Liter pro Kilogramm Fertigpapier.

Noch ist es unüblich, bunte Bücher auf Umweltschutzpapier zu drucken. Wir haben es versucht und hoffen, daß Sie uns dabei unterstützen, daß Sie es weitererzählen. Wenn wir uns auf Neues besinnen, haben wir noch alle Chancen, mit den Proble-

159

men fertigzuwerden. Ein Buch kann allemal der Anfang sein. Besonders ein Märchenbuch . . .

Was Sie jetzt in den Händen halten, ist ebenfalls ökologisch einwandfrei produziert.

Auch bei „Der Weg ins Licht" haben wir auf die schädliche Chlorbleiche verzichtet und sauerstoffgebleichtes Papier verwendet.